中华爱国人物故事

ZHONGHUA AIGUO RENWU GUSHI

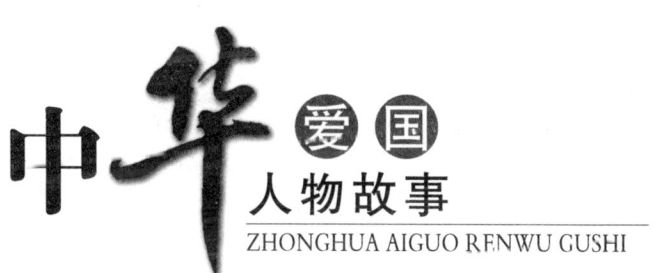

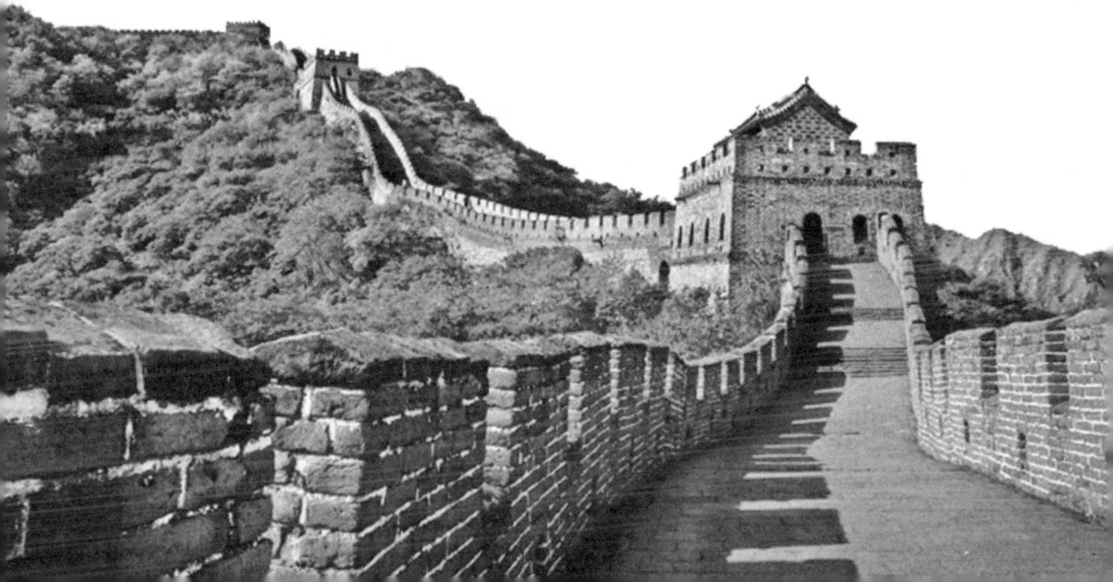

京剧大师梅兰芳

孙正义 编著

吉林人民出版社

图书在版编目(CIP)数据

京剧大师梅兰芳 / 孙正义编著. -- 长春：吉林人民出版社，2011.5
（中华爱国人物故事）
ISBN 978-7-206-07830-9

Ⅰ.①京… Ⅱ.①孙… Ⅲ.①梅兰芳（1894～1961）-生平事迹 Ⅳ.①K825.78

中国版本图书馆CIP数据核字(2011)第075670号

京剧大师梅兰芳
JINGJU DASHI MEI LANFANG

编　　著：孙正义
责任编辑：王　斌　　　　封面设计：七　洱
吉林人民出版社出版 发行（长春市人民大街7548号　邮政编码：130022）
印　　刷：鸿鹄(唐山)印务有限公司
开　　本：670mm×950mm　　　1/16
印　　张：8　　　　　　　字　　数：70千字
标准书号：ISBN 978-7-206-07830-9
版　　次：2011年5月第1版　　印　　次：2023年6月第4次印刷
定　　价：35.00元

如发现印装质量问题，影响阅读，请与出版社联系调换。

总　序

胡维革

《中华爱国人物故事》是一套故事丛书。它汇集了我国历史上80位古圣先贤、民族英雄、志士仁人、革命领袖、先进模范人物的生动感人史迹，表现了作为中华民族优秀传统的伟大的爱国主义精神。

爱国主义是人们对于"生于斯、长于斯、衣食于斯"的祖国的一种神圣感情，是人们对于自己民族的一种强烈的责任感和使命感，是感召和激励整个中华民族的一面永不褪色的旗帜。在漫长的历史上，爱国主义一直激励着中华儿女为祖国的独立、统一、进步和繁荣而英勇奋斗。从伟大的思想家教育家孔子到统一全国的千古一帝秦始皇，从秉笔直书著《史记》的司马

◆ 中华爱国人物故事

迁到鞠躬尽瘁死而后已的诸葛亮,从伟大的浪漫主义诗人李白到精忠报国的民族英雄岳飞,从七下西洋传播友谊的郑和到抗击倭寇的民族英雄戚继光,从苟利国家生死以的林则徐到为变法流血的第一人谭嗣同,从威震敌胆的抗联将军杨靖宇到人民音乐家聂耳与冼星海,从踏遍青山人未老的李四光到万婴之母林巧稚,从县委书记的好榜样焦裕禄到情系雪域献身高原的孔繁森……都表现出了强烈的爱国主义精神。正是由于热爱祖国的人们前仆后继地奋斗,国家和民族才得以生存,历经一次次历史危急关头而能转危为安,走向兴盛和富强,从而屹立于世界民族之林。爱国主义是鼓舞中华儿女历经忧患、跨越沧桑、百折不挠、自强不息的伟大力量,它贯穿于中华民族的整个历史,并有力

总序

地凝聚着五洲四海的中国人。

　　爱国主义是一个历史的范畴,在社会发展的不同阶段、不同时期有着不同的具体内容。革命时期,需要我们为祖国的独立自主出生入死;建设时期,需要我们为祖国的繁荣富强增砖添瓦;在全国各族人民团结一心建设富强、民主、文明、和谐的社会主义现代化国家的今天,我们要争做一名新时期的爱国者。新时期的爱国者要有强烈的民族自尊心和自豪感。民族自尊心和自豪感是任何时期任何爱国者都必须具备的情感。民族自尊心能增强我们自立向上的恒心,民族自豪感能树立我们建设祖国的信心。要树立"祖国高于一切"的崇高信念,为了祖国和人民的利益不惜抛却个人的利益,甚至不惜牺牲个人的生命。要树立终身学习的理念,拓

◆ 中华爱国人物故事

宽自己的知识面,广泛吸收新知识新技术,完善自身的知识结构,更新学习知识的方法与理念,从思想上、知识上充分武装自己,为祖国的繁荣昌盛贡献力量。

　　爱国主义思想的继承和发扬,是关系到民族盛衰、国家兴亡的根本问题。一代代人爱国主义思想情操的形成,需要不断地培养。培养爱国主义的一个重要途径是向爱国主义的英雄人物和典范事迹学习。这套丛书的出版,对于人们向英雄和先进人物学习,特别是对于在中小学生中进行爱国主义教育,将可提供一些生动的教材。祝愿此书出版发行成功,为培养"四有"新人做出贡献。

于2011年4月23日
世界读书日

编 委 会

策　划：胡维革　吴铁光
　　　　林　巍　李达豪
主　编：胡维革　邢万生
副主编：贾淑文　吴兰萍
编　委：(按姓氏笔画为序)
　　　　于二辉　门雄甲
　　　　刘士琳　刘文辉
　　　　孙建军　李相梅
　　　　李艳萍　杨九屹
　　　　谷艳秋　陈亚南
　　　　隋　军　韩志国

目录
CONTENTS

◎ 012　鸟贵有翼,人贵有志

◎ 019　铁杵磨绣针,功到自然成

◎ 027　青,取之于蓝,而青于蓝

◎ 036　艺术是全人类的精神财富

◎ 070　先天下之忧而忧,后天下之乐而乐

目录
CONTENTS

为伟大事业献身　083

登台杂感　100

梅兰芳与"梅派"　103

鞠躬尽瘁,死而后已　105

曲终情未已,舞止姿犹存　117

鸟贵有翼，人贵有志

世界上，历代文化伟人的成长，大都有个事业选择阶段。这个阶段是理想的追求，也是意志的磨炼，梅兰芳自然也不例外。

他生于北京的戏剧世家。祖父梅巧玲是清朝同治、光绪年间著名京剧演员，是技艺非凡、声名赫赫的京剧表演艺术家，徽班进京后由演唱徽调、昆腔衍变为京剧的十三位奠基人之一。因其在京剧旦角表演艺术方面的突出成就，被清末画家沈蓉圃入《同光十三绝》画谱而流芳千古。梅巧玲擅唱京昆，扮相华丽，台风清新，念白文雅，演《雁门关》里的萧太后活灵活现，有"活萧太后"之称。慈禧太后十分喜欢他的表演，尤其欣赏他那丰满身材所展现出来的雍容华贵风度，曾经谑称他为"胖巧玲"，并给予他"自由出入皇城"的特权。

梅巧玲又有"义伶"的美誉。他在江姓人家作义子时，饱受义父母的虐待，时常数天得不到一口饭吃；离开江家进入"福盛班"后，又不幸遇到好用硬木板毒打徒弟的班主杨三喜。在杨三喜的木板下，梅巧玲的手纹都被打平了。从磨难中出头的梅巧玲在做了班主之后，一反苛待学徒和同业的戏班恶习，无论是对待角儿或是普通学徒，他都尊重爱护，并且特别宽容。在"国丧"期间戏班不能演出而没了收入时，他竟不照日薪制的行规，不惜借贷给演员发全薪。对行外朋友，他也十分慷

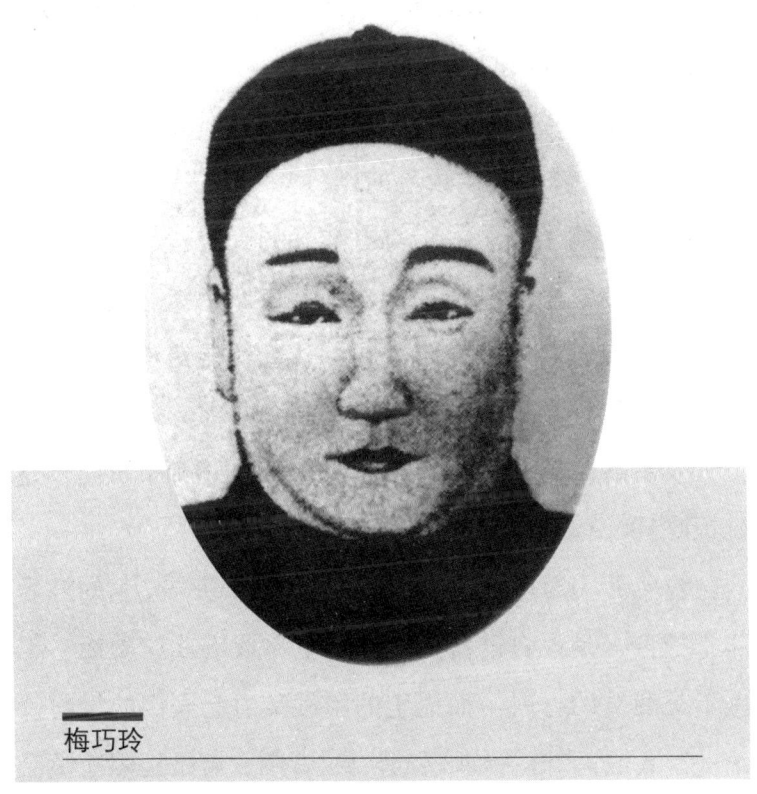

梅巧玲

慨义气。他曾在前往吊唁身后萧条、生前借他钱的一位朋友时，随手将欠条丢进灵前的烛火而不向其未亡人及子嗣索还；也曾对一位靠典当生活的举子大动恻隐——瞒着举子将东西赎回并给他留下百两银子。

祖父的这种义举对后来梅兰芳产生了巨大影响。父亲、伯父和许多亲属也都投身京剧事业。家庭生活的熏陶，在他幼小的心田播下艺术的种子。

读书期间，他便向长辈学戏，立志要像祖父那样，成为一名杰出的京剧演员。但是，这个志向刚刚确立，就遭到来自各方面的沉重打击。

8岁时，家里给他请来一位名叫朱小霞的先生教他"旦行"戏（扮演女性角色的剧目）。朱先生原以为自己的学生是名门子弟，一定具有非凡的天资。但是，万没料到，面前这个名门子弟却"笨"得出奇。一出戏开头的几句唱腔，普通学生跟着唱上几遍就能初步掌握，但梅兰芳却接连学了很长时间还是不合要求。朱先生禁不住大发雷霆，毫不留情地当面怒斥他："祖师爷没给你这碗饭吃！"说着拂袖而去，愤然罢教。

梅兰芳一时尴尬，无言以对。他知道朱先生的怒斥非常挖苦，是说自己特别迟钝，吃不成唱戏这碗饭，天生不是演员的材料。而先生的罢教又引起人们的纷纷议论。有人说："梅兰芳脑袋笨、嗓音闷，就是把唱腔学会

了也不能好听。"还有人说:"梅兰芳人发傻、眼睛呆(轻度近视),即使把戏学会了也演不出传神的人物……"如此等等,不一而足,几乎在艺术上判了他的死刑。因此,他的自尊心受到严重伤害,思想上形成极大压力。但是,他并没有悲观失望,反倒更加激起坚决学戏的志气。

其实，他不笨，更不傻。如果像周围同学那样，只是机械模仿先生的唱腔，那么他也很快就能学会。然而，他没有这样做。他是边学唱腔边动脑筋思索，用心揣摩唱腔的词义和旋律，属于理解中的学习，学习中加深理

梅兰芳的祖父梅巧玲在《雁门关》里饰演的"萧太后"。

解。至于说他嗓音发闷，他也有不同看法，只是限于礼貌不去辩驳，用极大的克制力把种种委屈咽在肚里。

家长同情子女的遭遇，为了满足他的学戏愿望，又特请一位名叫陈祥林的著名琴师给他训练嗓音。当时，一同训练的还有一个名叫朱幼芬的孩子。这个孩子的嗓音又高又脆，受到人们的普遍夸奖。相比之下，很多人担心梅兰芳的嗓音难以造就。这种舆论无疑又给梅兰芳增加了思想压力。可他心里有数，面对人们的褒贬，不动声色，平静如常。过了一段时间，他的家长征求陈先生的意见，以便认真考虑他的前途。陈先生以自己的教学经验，做了与众不同的回答。他说："人们的看法错了，幼芬在唱上并不及兰芳。目前，兰芳的音发闷一点，他是有心在练'a'（啊）音。这孩子音法很全，逐日有起色。幼芬是只去练'i'（衣）音，在学习上有些畏难。别说兰芳傻，这孩子心里很有谱，将来有出息的还是他呢……"

陈先生这番话，句句说在梅兰芳的心窝里。这种知音知心的理解与期望，使幼小的梅兰芳受到莫大的安慰和鼓舞。梅家长者也在陈先生的慧眼识才的评价中，对他的前途充满了信心。

此后，少年的梅兰芳，胸怀大志地走向艺术生涯。

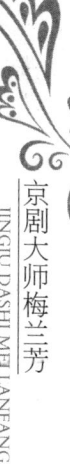

　　祖母对梅兰芳管教甚严。梅兰芳视祖母的教诲为立身处世的指南。

铁杵磨绣针，功到自然成

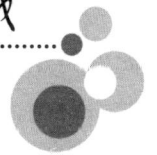

1902年，9岁的梅兰芳正式从艺，启蒙老师是北京的著名艺人吴菱仙。

当时，吴先生已经年过半百，被梅兰芳的强烈求知欲和进取心深深感动了。为了造就京剧艺苑的栋梁之材，不惜连用4年时间，精心为梅兰芳奠定成功的基础。

吴先生在教学方面向来是一丝不苟的，对梅兰芳的要求则更为严格，除节假日外，无论春夏秋冬，每天都按规定进行严格的训练和学习：

早晨，5点钟师生二人同去长城脚下练腰腿、喊嗓子，至少坚持两个小时；

上午，早饭后师生一起关在房间里复习前一天的课程，直至午饭时间；

下午，请琴师伴奏，指点梅兰芳反复练习学会的各种唱段，然后传授新唱腔，直至晚饭才停止；

中华爱国人物故事
ZHONGHUA AIGUO RENWU GUSHI

9岁时的梅兰芳

晚上，进行新课，讲解教学剧目的情节和人物，审听梅兰芳朗读剧本，同时提示人物的表情与动作，直至全部学会方可休息。

1904年，梅兰芳刚满11岁。吴先生为了使他尽快学以致用，亲自领他到北京"广和楼"大戏院参加古典名剧《长生殿·鹊桥密誓》的演出，让他扮演剧中的织女。这次演出是他学戏以来首次在舞台上与广大观众见面，激动的心情令他终生难以忘怀。后来，他在《舞台生活四十年》一书中，绘声绘色地回忆说："吴先生抱我上椅子，登鹊桥，前面布了一个桥景砌末（布景），桥上插着许多喜鹊，喜鹊里面点着蜡烛。我站在上面，一边唱着，心里感到非常高兴。"

这次演出比较成功，即使他检验了自己的学习成绩，又得到了难能可贵的出头露面机会，给当地观众留下

吴菱仙与梅兰芳

个良好的印象。此后,他的学习更加努力,促使学业长进惊人,跟随吴先生苦学4年,熟练掌握了30多个演出剧目。

1906年,他13岁时进入北京"富连成社"深造。"富连成社"(后更名"喜连成社")是当时全国最大的京剧专科学校(俗称"科班")。这里教师阵容强大,教学科目齐全,学员人才济济,拥有很高的社会声望。中国京剧史上许多著名表演艺术家,如侯喜瑞、周信芳、马连良、谭富英、叶盛兰、裘盛戎、袁世海等,都是这所学校的毕业生。该校重视课堂教学与舞台实践相结合,高年级学员几乎都有校外观摩和社会公演的机会。梅兰

梅兰芳出生地

芳入学属于带艺进修性质，主要参与高年级的学习和演出活动，广求名师指点，进一步开阔自己的艺术视野。而喜连成也成了"梅兰芳"这个名字的诞生地。

  1908年秋天，梅兰芳跟随喜连成班主叶春善在吉林演出。一天早晨，叶春善偕筹资组建喜连成的开明绅士牛子厚到吉林北山散步。他俩边爬山，边闲谈，忽然发现有一人在小树林里练剑，但见他体态轻盈，动作敏捷，那剑被他舞得寒光闪闪，风声嗖嗖，把自己围在水泼不进的弧光圈里，牛子厚简直看呆了。他生平酷爱京剧，也观赏过不少武术高手的表演，但像今天见到这样的绝伦剑技，还是不多，他情不自禁地连连拍手叫好。那舞剑人听到有人喝彩，连忙把剑收住，两颊绯红，用手帕揩拭额头沁出的细密汗珠、恭敬地向牛子厚躬身施礼："牛老板，喜群献丑了。"

  牛子厚这时近前定睛细看，只见面前这个年轻人仪表堂堂，气度潇洒，举止端庄，真是一个挑大梁的料子，便问道："你可曾有艺名？"叶春善接答道："我给他起了个艺名叫'喜群'。"牛子厚沉吟良久说："这孩子相貌举止不俗，久后必成大器，给他更名'梅兰芳'如何？"叶春善师徒二人欣然同意。从此，就用了"梅兰芳"这一享誉国内外的艺名。

  这期间，他难得受到社长（校长）叶春善和总教习、

梅兰芳与幼年学艺的小伙伴
前排左起：刘砚芳、姚玉芙、梅兰芳、王春林
二排左起：曹小凤、孙砚庭、姜妙卿、迟玉林
三排左起：刘小宝、姚佩兰、姜妙香、朱幼芬

著名戏剧教育家萧长华等各位前辈的器重与教诲，同时结识了众多同辈的高才生。前辈名家的潜心栽培和前辈校友的采长补短，使他如鱼得水般地遨游成长。他在这里又是学习4年。总共8年的刻苦磨炼，练出了一副淳厚

甜美的金嗓子，练成了一身典雅、妩媚的婀娜舞姿和刚柔交融、端庄稳健的武功。因此，在校期间便以唱腔、念白、做派、舞蹈和武打等各方面技能的超凡发挥而成为同行学员中的佼佼者。

  1910年，梅兰芳17岁时以优异成绩毕业，立刻加入专业表演团体，并与很多前辈艺术家同台演出，成为京剧艺苑令人瞩目的一名新秀。但是，他并不以此为满足，继续挤出时间进行苦练，甚至所有的业余爱好也都与加深自己的艺术修养密不可分。例如自修文学、历史、音乐、美术、舞蹈、书法、国画等各门知识，都与他的舞台表演上，养成大家风范具有直接关系。尤其是每天早晨放鸽子的游戏，竟然神话般地消除了他那仅有的一点生理缺陷——轻度近视眼。他在《舞台生活四十年》第一集"养鸽"专章里，概括出放鸽子对于自己艺术上的三方面好处。即："第一，先要起得早，能够呼吸新鲜空气，自然对肺部就有益处。第二，鸽子飞得高，我在底下要用尽目力来辨别这鸽子属于我的，还是别人的，你想这是多难的事。所以眼睛老随着鸽子望，愈望愈远，仿佛要望到天的尽头，云层的上面去，而且不是一天，天天这样做，才把这对眼睛不知不觉地治过来的。第三，手上拿着很粗的竹竿指挥鸽子，要靠两个膀子的劲头。这样经常不断地挥舞着，先就感到臂力增加，逐渐对于

025

全身肌肉的发达,更有很大的帮助。"接着又说:"我这年纪(1950年,57岁)穿着(戏装)在台上要做下腰身段,膀子不觉得太累,恐怕还要感激当年每天挥舞的那根长竹杆呢。"

他的眼病治愈以后,10年前说他"演不出传神人物"的那种论调,显然不驳自倒。此后,盛情邀他演出的剧院比比皆是。他的演出踪迹留遍北京、上海、天津等各大城市,不仅观众成千上万,而且各大公司灌制他的唱片屡销不止。20几岁的梅兰芳已经成为红遍全国的京剧名角,社会上敬称他为"梅老板"。

这时,久违了的朱小霞先生也尊敬地赶来拜访梅兰芳,十分内疚地检讨说:"我那时真是有眼不识泰山……"梅兰芳笑着回答:"您快别说了。我受您的益处太大了,要不挨您这一顿骂,我还不懂得发奋苦学呢。"

《女起解》,梅兰芳饰苏三

青，取之于蓝，而青于蓝

梅兰芳取得的成就逐渐引起了老一辈京剧艺术家的注意。谭鑫培是梨园的泰斗，一直以唱功精湛著称。随着梅兰芳的声名鹊起，他开始留意起了梅兰芳，并一直在找机会要与梅兰芳合作一次，以亲试其身手。于是，当在一次演出前他的搭档陈德霖因故而不能前来时，他便很刻意地点名梅兰芳顶替陈德霖。

对于梅兰芳而言，他出道不久便能与谭鑫培这样的大师合作，实乃机会难得，他当然竭尽全力又小心翼翼。他之所以小心翼翼，是因为他也知道谭老板的个性是常常会在台上让对手难堪的。事实也

《汾水河》剧照

谭鑫培

果然如此。那还是在合作演出《汾河湾》这出戏,其中一场戏的人物对话应该是:

第一段薛:口内饥渴,可有香茶?拿来我用。

柳:寒窑之内,哪里来的香茶,只有白滚水。

薛:拿来我用。

第二段薛:为丈夫的腹中饥饿,可有好菜好饭?拿来我用。

柳：寒窑之内，哪里来的好菜好饭，只有鱼羹。

薛：快快拿来我用。

也不知是有意为之，还是随兴所至，当梅兰芳所饰演的"柳迎春"念完"……只有白滚水"时，谭鑫培竟来了句"什么叫白滚水？"梅兰芳不由心中一惊，但他不动声色道："白滚水就是白开水。"谭鑫培没想到梅兰芳反应这么快，也无话可说，自然回到"拿来我用"这句戏词。这显然不能满足谭老板的戏瘾，在接下来的第二段，当"柳迎春"念"寒窑之内，哪里来的好菜好饭"，谭鑫培抢白道："你与我做一

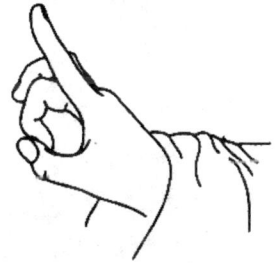
迎风

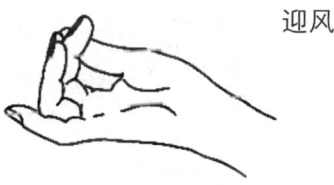
醉红

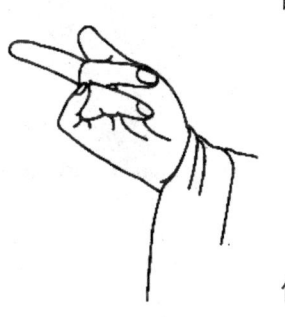
伸萼

翻莲

《三娘教子》,梅兰芳饰王春娥

碗'抄手'来。"这次,梅兰芳似乎是有了准备,脱口而问:"什么叫作'抄手'呀?"谭鑫培转脸冲着台下观众指着梅兰芳不无嘲弄道:"真是乡下人,连'抄手'都不懂。'抄手'就是馄饨呀。"他以为梅兰芳必定大窘,却不曾料到梅兰芳接着他的话头,说"无有,只有鱼羹",从而巧妙地将不着边际的谭鑫培又拉回到原来的戏词上。谭老先生从此对梅兰芳刮目相看,逢人便夸,给了梅兰芳莫大的鼓舞。

有人说：梅兰芳蜚声剧坛，已经功成名就了。然而，他自己却不这样看，仅把现有成就当作继续拼搏的起点。这个起点便是站在时代的高度，发扬传统、锐意革新。

他认为"戏剧前途的趋势是跟着观众和时代而变化的"，自己不能故步自封，而要"走向新的道路寻求发展"。因此，他从1914年（21岁）起，至1921年（28岁），把大部分精力用于传统剧目的整理和新编剧目的创作上。

这期间，他结识了很多社会上的文化人士。诸如：作家、诗人李释戡；学者、剧作家齐如山；作家、书法家罗瘿公；教授姚茫父；理论家许姬传；画家齐白石；音乐理论家陈彦衡以及其他方面的文人冯幼伟、吴震修、舒石父等。这些人士都喜爱梅兰芳的表演艺术，梅兰芳则从与这些人士的交往中学到许多知识。于是，他们便在艺术上结为挚友，进而形成一个以梅兰芳表演艺术为核心的自发性剧目创作集体，同心合力投入传统剧目整理和新编剧目的创作。

这是一个文化程度很高的强力集团，专为梅兰芳生产舞台精品，旨在形成梅兰芳的特有剧目。这个集团的创作方式，在当时也显得比较进步，而且充满浓烈的民主气氛和严肃认真的创作态度。用梅兰芳的话说："

我排新戏的步骤，向来先由几位爱好戏剧的外界朋友，随时留意把比较有点意义，可以编制剧本的材料收集好了。再由一位担任起草，分场打提纲，先大略地写了出来，然后大家再来共同商讨。有的对于掌握剧本的内容意识方面是素有心得的，有的对于音韵方面是擅长的，有的熟悉戏里的关子和穿插，能在新戏里善于采择老戏的优点，有的对于服装的设计，颜色的配合，道具的式样这几方面，都能够推陈出新，长于变化的；我们是用集体编制的方法来完成这一个试探性的工作的。我们那时在一个新剧本起草以后，讨论的情形，倒有点像现在的座谈会。在座的都可以发表意见，而且常常会很不客气地争辩起来，有时还会争论得面红耳赤。可是他们没有丝毫成见，都是为了想要找出一个较美的处理来搞好这出新的剧本。经过这样几次的修改，应该加的也添上了，应该减的也勾掉了。这才算是在我初次演出以前的一个暂时的定本。演出以后，陆续还要修改。同时我们也邀请许多位本界有经验的老前辈来参加讨论，得到他们不少宝贵的意见。"

8年间，梅兰芳就是采用这种方式，惊人地创作出近百个上演剧目；既有整理、改编的传统戏，又有新编历史戏，还有现实题材的时装戏。

这批剧目的相继涌现，在很大程度上繁荣了京剧舞

京剧大师梅兰芳
JINGJU DASHI MEI LANFANG

《嫦娥奔月》剧照（梅兰芳饰嫦娥）

戏　台

台,有的轰动一时,有的广泛流传。其中《宇宙锋》《生死恨》《抗金兵》《洛神》《西施》《凤还巢》《廉锦枫》《贵妃醉酒》《黛玉葬花》《天女散花》《太真外传》和《霸王别姬》等几十出剧目,都被共识为举世闻名的经典作品,至今仍由众多传人在国内外盛演不衰。

梅兰芳在这批剧目的表演艺术上,具有多方面的独特创造,处处体现继往开来的划时代革新成就。

音乐方面:在"西皮""二黄"等固有声腔的基础上,创造出新颖的"南梆子"腔调及其各种板式;乐队伴奏上,在固有的京胡、月琴两件主奏乐器中,增加了别开生面的京二胡等中、低音乐器。

舞蹈方面：在传统程式的基础上，创造出花样翻新的剑舞、绸舞、袖舞、镰舞、盘舞、羽舞和拂尘舞等。

化妆、服饰方面：遵循传统的美学品格，创造出别致的"古装头"发式和各种不见前例的衣、裙款式，被誉"新式古装"。

布景、灯光方面：依据传统的写意性原则，增加了有助于歌舞气氛营造的象征性景片和变化性的色彩光效。

凡此种种，全方位丰富了京剧的表现手段，大都被后人继承下来，促使古老的京剧面貌焕发着时代的新容。

这种新的容貌，加上梅兰芳文武兼备的全能技术，使他的表演进入炉火纯青的艺术境界。不仅令广大观众耳目一新，而且又在这新容新貌的展示中，塑造出栩栩如生的各种人物形象，由此产生叹为观止的醉人魅力。

梅兰芳这时期的剧目创作和舞台表演的巨大成就，属于早期表演艺术的时代性升华，进而在戏曲艺苑独树一帜，从中体现他的独特风格，标志着梅派艺术的完美形成。

艺术是全人类的精神财富

田汉曾说:"一些外国农民晓得的中国人,一个是孔夫子,一个是梅兰芳。一些外国戏剧家又把梅兰芳当成戏剧界的孔夫子。"

孔夫子,作为中国传统文化的象征被世界公认。

梅兰芳,作为中国传统戏剧的代表为世界所共识。

中国戏剧历史悠久,它与古希腊戏剧和印度梵剧同为世界三大戏剧源泉。古希腊戏剧和印度梵剧经过它们的辉煌岁月,相继被歌剧、舞剧、话剧所取代;唯独中国戏剧则以歌唱、舞蹈、话白等综合性的戏曲体制流传至今。

然而,不无遗憾的是,尽管中国戏剧至近、现代,已经发展成以中国京剧为代表的若干地方剧种,但是,由于历史和社会等多方面原因,致使朝气蓬勃的各个剧种,只能长期在国门之内封闭性地生存。

《霸王别姬》剧照（梅兰芳饰虞姬，杨小楼饰楚霸王）

　　那么，中国戏剧能否冲出国门？何时冲出国门？由谁率先将它引向世界？在世界上又将居于何种地位？这一连串的问题，似乎天命注定，要由梅兰芳的实际行动给予回答。

　　梅兰芳不愧是中国戏剧的一代宗师，义不容辞地肩

负起这个历史重任。他从26岁起,便率领中国京剧团体,先后赴日本、美国和当时的苏联访问演出,以巨大的艺术影响,使中国戏剧跻身于世界戏剧之林,为中国人民争得了崇高的荣誉。

轰动日本

1919年,梅兰芳首次应日本"帝国剧场"邀请,由日本"共同通讯社"驻北京主任村田孜郎任向导,赴东京、大阪、神户访问,隆重演出《贵妃醉酒》《黛玉葬花》《天女散花》《嫦娥奔月》等梅派剧目和《虹霓关》、

梅兰芳在日本受到日方的热烈欢迎

《御碑亭》以及《乌龙院》《空城计》等传统剧目。

　　日本国在历史上深受中国文化影响，近现代也有很多人曾在中国看过京剧，尤其敬仰梅兰芳的舞台风采。所以，梅兰芳率领的演出团体刚一踏入日本国土，便受到各界人士的热烈欢迎。

　　东京各界代表亲自到东站迎接中国艺术使者，簇拥梅兰芳与梅夫人下榻"帝国饭店"，当日举行盛大招待会，庆贺梅兰芳一行的到来。

　　《东京日日新闻》《东京朝日新闻》《国民新闻》《读卖新闻》《中央公议》《万朝报》《都新闻》《新演艺》和《演艺画报》等各大报刊，纷纷采访梅兰芳，连篇累牍报道演出盛况，发表赞美中国京剧和梅兰芳高超表演技艺的评论文章。

　　当地群众几乎都把能够买到一张梅兰芳的戏票，视为一大幸事。因此，尽管票价显得高昂，但每场却都很快销售一空。

　　东京连续公演12天，接着被请到大阪、神户等地演出，照例引起轰动效应。各大报刊率先报道演出盛况，顿时形成赞扬中国京剧和梅兰芳表演艺术的热潮。

　　梅兰芳首次日本之行，旗开得胜，载誉而归。他说："第一次访问日本的目的，主要并不是从经济观点着眼的。这次仅是我企图传播中国古典艺术的第一炮。"（梅

中华 爱国人物故事
ZHONGHUA AIGUO RENWU GUSHI

《天女散花》剧照

兰芳的《东游记》）

1924年，日本"帝国剧场"再度邀请梅兰芳光临东京、大阪等地访问演出。他又率领剧团欣然前往，并且增加了一批上演剧目。由于第一次出访已在日本国土上撒下了中国京剧的种子，所以这次重访也就更加受到欢迎。

这期间，除了每场演出盛况空前之外，日本"帝国电影公司"还特将梅兰芳演出的代表性剧目《虹霓关》《廉锦枫》及《红线盗盒》等，拍摄成舞台纪录影片。接着，日本《演剧新潮》杂志社，又盛情邀请梅兰芳剧团出席日中戏剧交流座谈会，促使两国戏剧家在学术研讨中，形成了深厚的友情，共同推动东方戏剧的发展。

风靡美国

梅兰芳两次访问日本回国之后，决心进一步扩大中国京剧的对外影响。于是，便产生赴美国旅行演出的打算。

他想：美国不同于日本，是西方的一个发达国家。中国京剧，作为东方表演艺术，是否能被西洋人接受，则是对中国传统文化是否能够拥有广泛世界性的重大考验。而迎接这场考验，自己应是责无旁贷的。

这种想法产生于20世纪20年代半封建半殖民地的旧

中国，显然是难能可贵的。因此，他的打算一经说出，便立即受到同仁挚友的普遍赞同，以至得到官方的钦佩和支持。

1929年10月，经过周密的筹划，由新闻界向社会宣布：梅老板近期将率国剧团体赴美利坚合众国献艺……

这条新闻引起社会上的强烈震动，获得各个阶层的广泛拥护：

北京市工、商、学界，证实这个消息之后，在齐化

> 梅兰芳访美前的准备工作细致周密，连"歌曲谱"都提前印好。为让美国人看得懂，还特地请音乐大师刘天华用五线谱谱曲。

门大街的"世界社",为梅兰芳举行公宴,对他赴美演出的雄心壮志,表示振奋与祝福。

河北省政府与北平(京)市政府,为梅兰芳访美行动,举办盛大宴会,希望中国的国剧能在西洋赢得殊荣。

天津市"美国大学同学会",为梅兰芳勇于西征,举办欢送会。市长崔廷献到会讲话,称颂梅兰芳的远大抱负。

国内知名人士李石曾、周作人、刘半农、刘天华、郑颖孙、杨仲子、韩权华等数十人,于北京热情集会,共祝梅兰芳为国争光。

……

然而,就在这时,得到一条出师不利的消息:美国此刻发生经济危机,并且日益严重。消息传开,引起人们的不安。许多朋友纷纷劝说梅兰芳,请他暂时放弃访美计划。还有知己者坦诚告诫他,指出这时去美国演出不会拥有更多观众。如果只能演几场,那么无论个人名誉,还是财力、物力都将受到莫大损失。

梅兰芳深深感谢朋友们的真诚关注,尽管这次出国,在经济上仍旧属于自负盈亏,然而并未因此动摇他的决心。他慷慨地向大家解释说:"这次去美国演出并非是为了淘金,而是希望通过演出,能使中国的古典京剧艺术跻身于世界戏剧之林,即使自己蒙受了重大损失也是值

得的。"

人们看到他的态度如此坚决,也就不再加以劝阻,反而被他这种为了事业不计个人得失的奉献精神深深感动。因此,欢送他的热烈场面,较此前赴日本演出时更为壮观。

1930年1月28日,众人瞩目的梅兰芳,率领他的演出团体于上海港登船启航。国内政界要员数十人与广大市民聚集码头,一道为他举行欢送大会,祝他此行一帆风顺、圆满成功。

梅兰芳在一片祝愿声中,激情满怀地率领演出团体登上远洋客轮。他仰望蓝天,思潮翻滚。他背负祖国人民的殷切希望,怀着弘扬祖国民族文化的必胜信心,经过日本横滨和加拿大的维多利亚,于美国西雅图登陆;再由西雅图转乘火车,路过芝加哥,终于在2月9日长途跋涉抵达美国的最大都市——纽约。

尽管美国未摆脱经济危机,但是美国政府、美国人民,中国驻美使节和广大旅美侨胞,都对梅兰芳的远道而来,予以盛情欢迎。

2月14日,中国驻美国公使馆,接请梅兰芳剧团来首都华盛顿,由公使伍朝枢先生亲自主持迎接梅兰芳剧团的高层次招待会。美国政府除总统一人之外,所有内阁成员和华盛顿各界名流500多人热情出席,同时欣赏了梅兰芳答谢演出的代表性剧目《晴雯撕扇》。

按协议规定,梅兰芳于2月16日首先在纽约举行公演。主要剧目有梅派传统戏《汾河湾》《贵妃醉酒》《打渔杀家》《霸王别姬》和新编梅派戏《西施》《红线盗盒》等13场。

国内外新闻界,都把关注的目光凝聚在纽约的公演实况上。大家知道,梅兰芳在纽约公演的成败,决定他全部访美演出的兴衰。因此,这条新闻将以什么样的语

梅兰芳在美国演出的剧院

言出现，谁的心里也没有足够的底数。

梅兰芳又何尝不是这样想。尽管他充分相信自己的艺术实力，但这里毕竟是与中国文化背景完全不同的西方，是美国，而且首次公演的处所又是世界上的最大都城，那么无论是成功或失败，都将立刻引起世界性的广泛影响。他想，个人荣辱事小，祖国京剧的名望事关重大。他感到，眼前就是战场，胜败如何全都在此一举。

可靠的新闻只能用事实书写。结果是：梅兰芳在纽约一炮打响，接着轰动全城！原定演出场次一再突破，一连演出28天，戏院天天都是客满。戏票大都在事先预

梅兰芳与我国驻美使馆人员

售一空。戏院票价最高为5美元一张，而黑市上竟达18美元。顿时间，梅兰芳成为纽约全体市民最为瞩目的中心人物，致使经济显得冷落的市面，突然掀起拥戴梅兰芳的一股文化热潮。

当时，全市正在举办"鲜花展览会"。由于人们热爱梅兰芳的表演艺术，便将其中的一种珍贵鲜花，命名为"梅兰芳花"。与此同时，人们又情不自禁地编写一首大家传唱的歌曲，名叫《欢迎梅君兰芳成功歌》。这期间，市内一些商店还争借梅兰芳穿过的戏衣或其他艳丽的京剧服装点缀门面，摆在橱窗的醒目之处，借以吸引顾客光临……

梅兰芳的精湛表演迷住了纽约市民，最后一场演出刚刚闭幕，全体观众热烈请求排队上台——与他握手。梅兰芳诚恳地满足了人们的要求。但是，想不到经过几十分钟，握手的观众还是络绎不绝。后来才发现其中的秘密，原来很多人与他握手走下舞台之后，又恋恋不舍地回过身来接着排队，再次上台与他握手。

美国"派拉蒙影片公司"，为了留下梅兰芳的艺术形象，特意将其演出的《刺虎》拍成有声电影（梅兰芳扮演剧中的费贞娥）。

美国著名文艺评论家达克·杨，在《新共和》杂志发表题为《梅兰芳和他的剧团节目》综述文章。谈到梅

兰芳在纽约演出的轰动效应时,他激动地说:"在一个属于古老民族的传统艺术和一个被他们的人民承认为伟大的艺术家面前,我们大多数观众必定会感到谦卑……梅兰芳的表演艺术使我们足以见到这是本季度戏剧的最高峰!"

罗伯特·里特尔,在《纽约世界报》发表述评文章。他说:"梅兰芳在舞台上出现3分钟,你就会承认他是你所见到的一位最杰出的演员。演员、歌唱家和舞蹈家,三位一体,结合得那样紧密无间,你简直看不出这3种艺术之间存在什么界限……你至少在首次惊讶和欢乐地

1930年梅兰芳在美国和朋友的合影

接触到他的艺术时，难以用语言来形容。"最后感叹地总括说："像这样的艺术，过去在纽约压根儿就没有看见过。"

美国其他著名理论家、文学家和艺术家们，也都情不自禁地纷纷发表赞颂性评论文章，由衷地称道梅兰芳是"罕见的风格大师"，称他的表演"卓越非凡"得"达到一种最高的境界"，"放出东方民族独特的艺术光彩"。评论家R·D·斯金南，在高度赞扬梅兰芳的迷人表演成就之后，概括美国人的共同观赏感受时，说道："梅兰芳的艺术无疑超越了东西方之间所存在的障碍。"

纽约掀起的梅兰芳热潮，迅速波及美国各地。接着，梅兰芳盛情难却地先后被请到西雅图、芝加哥、华盛顿、旧金山、洛杉矶、圣地亚哥和檀香山等地演出。每到一处，掀起一阵热潮，而且受到当地政府和外国驻当地使节的大礼招待。除舞台公演盛况空前之外，报刊宣传、唱片灌制和拍摄新闻影片等，每日应接不暇。

洛杉矶市波摩拿学院院长晏文士博士，急不可待地召集全校教授开会，一致通过决议，于5月28日提前向梅兰芳颁发荣誉奖章，授予文学博士学位，成为该校有史以来的破例之举。接着，南加利福尼亚大学高度评价梅兰芳的学术造诣，同样授予他文学博士学位。

梅兰芳这次美国之行，超出原来的预想，纯公演竟

梅兰芳的纪念邮票

多达72场,而且场场座无虚席。6月下旬作访美最后一周演出时,罗伯特·里特尔发表文章写道:"最后一周了!——梅兰芳在下星期六将做最后一场演出。你如果还没有看过他的表演,再错过这最后一次机会,迟早要后悔……"梅兰芳受到美国人民怎样爱戴也就可想而知了。

这期间,他除了广泛接触美国官员和文学家、艺术家、新闻记者及大学教授等著名人士之外,还特别与戏剧家贝拉斯考、斯达克·杨;舞蹈家露丝·丹尼斯、泰德·萧恩;电影艺术家卓别林、范明克、玛丽·毕克福等，在艺术交流中结下深厚友谊。这些朋友更为赞佩他的表演，更加敬仰中国的京剧艺术。

梅兰芳，作为艺术大师，并不注重个人获得怎样崇高的荣誉，只因看到祖国的京剧已经"超越了东西方之间所存在的障碍"，感到无限欣慰。

正像国内报刊称颂的那样："他的卓越表演，使祖国的戏曲艺术在国际艺坛上取得了应有的地位，放出了东方民族独特的艺术光彩。"

享誉苏联

梅兰芳风靡美国的创举，引起了欧洲的震动。许多欧洲大国纷纷邀请梅兰芳能够访问欧洲，其中尤以当时的苏联政府显得更为积极。

1934年4月，苏联对外文化协会听到梅兰芳有意访问欧洲的消息，感到特别兴奋，急切地通过中国外交部致函梅兰芳，希望他访问欧洲时，一定顺路光临苏联，并且表示："梅君在苏联境内的食宿招待，可由苏方承担。"

梅兰芳收到这样热情的邀请函，很受感动，决定接受邀请，同时发出应邀电报。电文称："苏联之文化艺术，久所佩羡。欧洲之游如能成行，必定前往。"

苏联方面接到梅兰芳的电报，更为兴奋，马上向中

梅兰芳访问苏联期间的报纸剪影

国外交部致电："苏联热烈欢迎梅兰芳,请将表演节目,酬劳及其他一切条件详细函告。"

不巧,当时中国华北地区正在遭受黄河水患。梅兰芳为了救济广大灾民,赶到开封市进行为期10天的捐献演出,来不及考虑出国事宜。苏联方面担心发生变故,接又致函中国当局,说明"苏联将以国宾身份邀请梅兰芳和他的剧团赴苏演出"。

梅兰芳捐献演出结束后,看到苏联的盛情电函,感到无法谢绝。于是,他便与有关方面反复协商,决定专应苏联邀请,暂时放弃赴欧洲其他国家访问的计划。

这个决定受到苏联的由衷赞成。为了尽快成为事实,中苏双方有关人员共同组成梅兰芳访苏演出招待委员会,使之正式列入两国文化交流的议事日程。中国方面的委员有:中国驻苏代办员南如和驻苏外交官员戈公振;苏联方面的委员有:戏剧大师斯坦尼斯拉夫斯基、聂米维奇·丹钦科,以及梅耶荷尔德、塔依罗夫、爱森斯坦和特烈杰亚柯夫等戏剧、电影、文学各界的著名人士。

同年12月28日,委员会的各项筹备工作就绪,由苏联对外文化协会代理会长库里亚先生,正式向梅兰芳颁发邀请书,并与苏联驻中国大使鲍格莫洛夫会晤,共同商定梅兰芳启程时间和生活安排问题。

梅兰芳深切感到,苏联方面以国宾礼仪接待自己的

出访，在规模和性质上都与此前的访日和访美演出不尽相同，明显含有中苏两国之间的文化外交因素。所以，他对这次出访就更加重视。临行之前，特请国内著名教授张彭春、余上沅、谢寿康、田汉和艺术家徐悲鸿、欧阳予倩等，协助自己筛选赴苏演出剧目。同时聘请张彭春教授为演出团总指导，余上沅教授为副总指导，以保证演出的艺术质量和文化交流的学术水平。至于随团的翻译和演职人员，也都具有很好的素质。

1935年2月15日，因梅兰芳不愿意经过当时的伪满洲国（日本帝国主义侵占的我国东北地区）出境，苏联政府特派他们的"北方号"专用客轮赶来迎接。同行者还有中国驻苏联大使颜惠庆博士和赴苏参加国际电影节的中国"明星影片公司"经理剑云先生，以及著名电影演员胡蝶、《大公报》驻苏记者戈宝权等，致使旅行阵容更为壮观。"北方号"专用客轮，由中国上海启航，经过太平洋直驶海参崴。全团成员于海参崴换乘西伯利亚火车，转向西行。

3月12日清晨，梅兰芳一行，经过20多天的漫长旅途，安全到达苏联首都莫斯科。苏联对外文化协会、苏联外交人民委员会和苏联戏剧家协会等各界代表，挥舞花束于火车站月台热烈欢迎梅兰芳的到来。苏联对外文化协会主席致欢迎词、梅兰芳致答词。颜惠庆大使发表

梅兰芳开封赈灾义演的海报

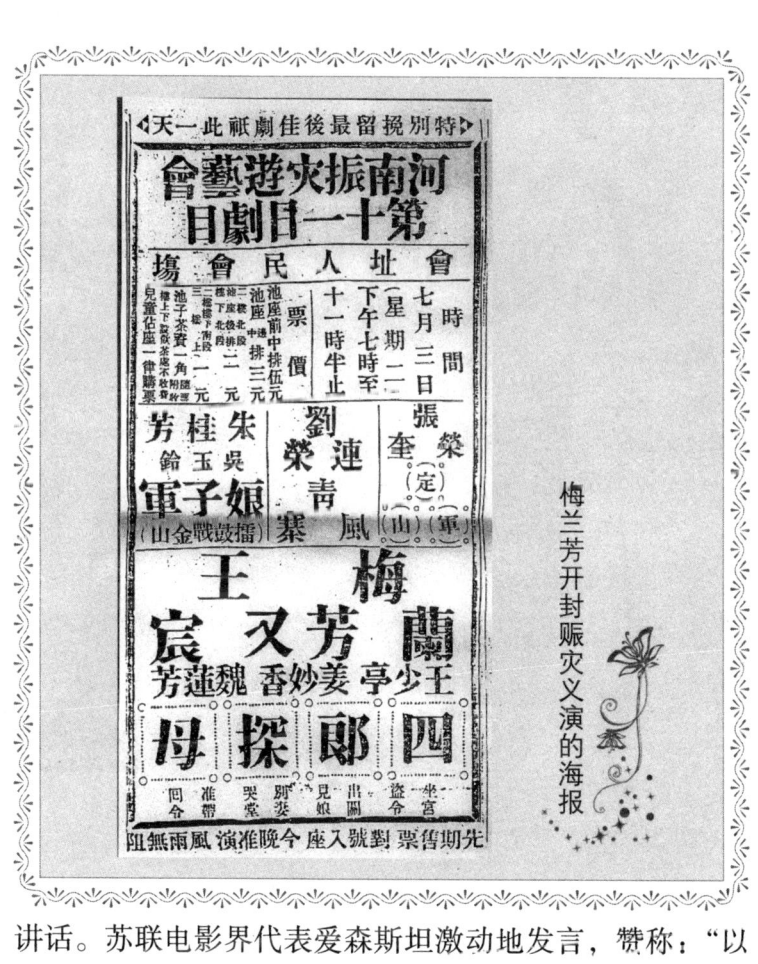

讲话。苏联电影界代表爱森斯坦激动地发言，赞称："以梅兰芳为代表的中国戏剧艺术，可供苏联电影借鉴，希望彼此为戏剧、电影的艺术质量而奋斗。"接着，情不自禁地高呼："联合苏中两国民族的力量，定能创造出一种新人类的艺术！"照相机、摄影机刻不容缓地拍下了这一组组生动的场景。

梅兰芳下榻于莫斯科"都城饭店"。苏联政府特别关

梅兰芳访问苏联演出剧目

心他的身体健康,考虑长途旅行的疲劳,10天之内不安排演出活动,请他尽量休息,适当进行一些必要的参观游览和出席文艺团体的宴请。这期间,他除了参观一些旅游景点和文物单位之外,相继出席有苏联高级官员参加各种宴会。同时又与"欢迎梅兰芳委员会"的所有委员进行亲切畅谈。

3月22日至4月13日,他应邀先后于莫斯科和彼得格勒隆重演出。除上演访问美国的那批主要剧目之外，又增加了《钟馗嫁妹》《木兰从军》和《盗仙草》等。尽管苏联是世界公认的戏剧大国，观众欣赏水平普遍很高，但是都被他的精彩表演和中国京剧的独特魅力所征服。千人以上的各大戏院，所有戏票都在开演之前预售完毕。剧场里的观赏气氛十分红火，每出戏演完，都响起雷鸣般的掌声；全场演完，掌声、欢呼声此伏彼起，不仅争献鲜花，而且频繁谢幕，有时多达二十几次，充分体现苏联人民对他本人和中国京剧的由衷热爱。

他的这次访苏演出，惊动了世界各地的艺术家。很多人不惜远道而来，一饱观赏梅兰芳大师表演艺术眼福。时逢德国戏剧大师布莱希特正在苏联。于是，他有幸与俄罗斯戏剧大师斯坦尼斯拉夫斯基一道观赏梅兰芳大师的表演和中国京剧艺术，并在彼此相处中，结下真挚的友情。这便是写在世界戏剧史上的光辉一页——梅、斯、布三位戏剧大师相会于莫斯科。

斯坦尼斯拉夫斯基高度赞扬以梅兰芳为代表的"中国戏剧的表演，是一种有规则的自由动作。"布莱希特惊喜地从梅兰芳和中国京剧表演体系里受到重大启发，结合自己的创作实践和学术主张，提出一个戏剧表演的理论观点："间离效果。"苏联和来自其他国家的戏剧家们，也都在观摩梅兰芳的舞台演出中，举行座谈会，从理论

上畅谈各自的心得。梅兰芳以谦虚的美德征求各国戏剧家们的意见，从中取得很大收获。因此，这次演出活动，同时又成为一项国际性的戏剧理论研讨活动。

4月13日午夜，梅兰芳于"莫斯科大剧院"举行告别演出。剧场里包括中央三面包厢（楼上雅座）全部客满。世界著名的伟大作家高尔基和全苏文艺界著名人士大都到场祝贺，演出盛况空前。

此后，苏联政府又挽留梅兰芳和演出团成员在莫斯科参观几日。4月21日，演出团离苏回国。梅兰芳和余上沅教授应邀，相继赴波兰、德国、法国、比利时、意大利和英国进行戏剧考察和学术交流。至此，他的足迹留遍欧洲各主要国家。

梅兰芳青年时代便以弘扬祖国民族文化为己任，通过访问日本、美国、苏联和其他国家，使中国戏剧闻名遐迩地走向世界，从此为中外戏剧文化的广泛交流，开创一条畅通无阻的历史先河。

与大师的友谊

1924年5月，印度著名作家泰戈尔来北京访问讲学。抵达北京时，刚好赶上他63岁生日。当时，北京的活剧演出组织新月社，为了庆祝他的寿辰，于5月10日在东单三条协和医学院礼堂，用英文演出了他的话剧《齐德拉》。

　　这是中国首次上演印度戏剧。

　　观众席上，和泰戈尔坐在一起观看演出的是梅兰芳。演出结束时，泰戈尔对梅兰芳说："在中国看到了自己的戏，很高兴，可我希望在离京前还能看到你的表演。"为满足这位文学大师的心愿，5月19日，梅兰芳在开明剧院专门为泰戈尔演出了一场《洛神》。泰翁身着他所创办的国际大学的红色长袍礼服自始至终观看得非常认真。

《洛神》剧照

演出结束后,又跑到后台向梅兰芳致谢:"我看了这出戏很愉快,有些感想明日再谈。"

第二天中午,泰戈尔特意评价了前一天晚上的演出。认为梅兰芳的表演精彩异常,给予了非常高的评价,然后,对《洛神》中"川亡之会"一场的布景提出了意见。他说:"这个美丽的神话剧,应该从各方面来体现伟大诗人的想象力,而现在所用的布景未免显得平淡。"他建议:"色彩宜用红、绿、黄、黑、紫等重色,创作出人间不常见的奇峰、怪石、瑶草、琪花,并勾勒金银线框来烘托神话气氛。"

梅兰芳对这番意见非常赞同。在后来的演出中,他果然按照泰翁的建议,重新设计了那一场的布景,取得了可喜的效果。此后,就一直沿用了下来。

另一位同梅兰芳相交甚欢的就是美国喜剧大师,卓别林。

1930年5月的一天,梅兰芳一行抵达电影名城洛杉矶,当晚应剧场经理之邀来到一家夜总会,出席了由市长、企业家、导演、明星、著名艺术家等组成的62人赞助委员会举办的盛大欢迎酒会。宾主刚刚入座,一位神采奕奕的中年人迎面走来,他穿着工作服,连领带也没有系,与那些身着正统礼服的参加者相比显得格外特别。梅兰芳觉得似曾相识,正思量着在哪儿见过此人时,剧场经理站起来向他介绍说:"这位是卓别林先生。"经理又向卓别林介绍说:"这位是梅兰芳先生。"东西方两位艺术大师情不自禁地热烈握手并紧紧拥抱。

那时,卓别林正在紧张地拍摄影片《城市之光》,当他得悉洛杉矶专门为梅兰芳举行欢迎酒会后,他赶紧抽出时间前往参加,并为自己没来得及回家换衣服而向梅

卓别林

兰芳连连道歉。令人意想不到的是，这次酒会竟然成了梅兰芳和卓别林的私人聚会。他们一边品着美酒，一边畅谈戏剧。梅兰芳说，他从卓别林的无声电影里学习到

梅兰芳与卓别林合影

了如何依靠手势动作和面部表情，来细腻地表现人物的内心活动和剧情内容。卓别林盛赞中国古典戏剧不仅给美国人带来了极大的艺术享受，而且给美国电影界提供了弥足珍贵的艺术参考价值。他还向梅兰芳介绍自己早年也是舞台剧演员，后来才拍电影，并详细询问了京剧中丑角演员的表演技术。梅兰芳对卓别林说，中国京戏里的丑角是很重要的，艺术含量也很高，自己的前辈中就有一位造诣很深的丑角名家萧长华先生，可惜这次他带来的节目中这类角色不多，仅《打渔杀家》中有一点，希望卓别林以后有机会访问中国，到时一定能够欣赏到中国京剧界许多丑角的精彩表演。尽管这是梅兰芳与卓别林的第一次见面，但是由于对戏剧有着共同的挚爱和追求，他们毫无陌生感，反而无拘无束，相谈甚欢。

几天后，梅兰芳应邀到卓别林和范朋克等合办的联艺公司，以及米高梅、二十世纪等拍摄现场参观，再次和卓别林探讨了舞台表演艺术与电影艺术之间的相互关系。卓别林热情相待，详尽地向梅兰芳介绍了好莱坞电影的制作情况，最后两人亲切合影，为世人留下了一幅十分珍贵的照片梅兰芳身穿蓝缎团花长袍、黑缎马褂，卓别林身着笔挺西装，两人面含微笑，双手紧紧相握……当时，梅兰芳与卓别林都正值壮年，各自在艺术创作和表演道路上独树一帜，他们彼此仰慕，互相勉励，

结下了深厚的友谊。临别时，梅兰芳与卓别林约定，如来中国，一定到梅家做客。

1936年，卓别林携带新婚妻子宝莲·高黛等一行四人到亚洲蜜月旅行。3月初，梅兰芳接到卓别林发来的电报："来华旅游，过沪时极愿一晤。"一别六年，卓别林果然如约前来，梅兰芳十分高兴。3月9日下午1时半，卓别林乘坐的"柯立芝总统号"抵达上海。下午5时半，卓别林在梅兰芳和电影明星胡蝶等100多位上海文艺界人士的陪同下，出席了国际艺剧社在国际饭店举行的招待宴会。

老朋友重逢，分外高兴。卓别林不无感慨地说："记得六年前我们在洛杉矶见面时，大家的头发都是黑色的。你看，现在我的头发大半都已经斑白了，而你呢，却还找不出一根白发，这真是太不公平了！"说完，卓别林哈哈大笑。梅兰芳却从卓别林幽默、调侃、夸张的话语中感受到了他颇不顺达的坎坷境遇，便安慰道："你比我辛苦，每一部电影都是自编、自导、自演、自己亲手制作，太费脑筋了。我希望你保重身体。"

宴会上，梅兰芳关切地问卓别林喜欢看什么，卓别林兴致勃勃地提出想要看中国的国粹京剧。梅兰芳回答说，很不巧，自己当晚没有演出，但可以带他去观赏著名京剧演员马连良的表演，卓别林欣然接受了这一建议。

晚上6点半，卓别林在下榻的华懋饭店接受记者采访后，在梅兰芳的陪同下先去"大世界"了解上海市民阶层看戏、娱乐的真实状况，然后到隔壁的共舞台观看了上海当时十分流行的京剧连台本戏《火烧红莲寺》。这时，《火烧红莲寺》已经开演，正演到其中最精彩的一场"十四变"，戏中有文有武、有唱有做，卓别林看了连连

卓别林与马连良合影

鼓掌，尤其是对变幻无穷的舞台背景和两人热闹的武戏斗剑一场，表现出浓厚的兴趣，赞誉为这是"东方仅有艺术"。

从共舞台出来后，梅兰芳又马不停蹄地带卓别林来到新光大戏院观看马连良、小翠花、叶盛兰、刘连荣等上演的全本《双娇奇缘》。卓别林进场时，正赶上《法门寺》中表现生、旦、净、丑各展所长的"行路"一场。梅兰芳告诉卓别林，中国人看戏曲，极少拍手，而是喝

卓别林来上海的宣传海报

彩，因此看到精彩处，卓别林也跟随着观众一起，时时忍不住地叫"好"。而看戏前，梅兰芳已向卓别林讲解了全剧的情节、每个角色的各自性格及其表演特点，尤其是着重介绍了其中的丑角贾桂。那天，演贾桂的名丑马富禄以清脆嘹亮的嗓子、滑稽夸张的表情，将一个奴颜婢膝、阿谀谄媚的太监刻画得细致入微，引起了卓别林的极大兴趣。他表示，自己非常喜欢这一舞台形象，认为马富禄演活了人物的性格，非常成功。卓别林又仔细询问了京剧中不同的曲调板式所表现出的各种情绪，梅兰芳一一做了介绍。卓别林说："中西音乐歌唱，虽然各有风格，但我始终相信，把各种情绪表现出来的那种力量却是一样的。"

3月10日上午9时，卓别林一行带着对上海美好而又深刻的印象，返回"柯立芝总统号"，兼程香港，继续他的蜜月旅行。卓别林在上海只停留了短短一天多时间，梅兰芳几乎全程相陪。也仅仅是这一天多时间，中国永远留在了卓别林的记忆中。1946年，卓别林还记忆犹新地向中国电影演员黎莉莉回忆起10年前到上海看京剧，在舞台上与马连良一起跟观众见面的情形。此后，梅兰芳与卓别林虽然没有机会再见面，但两人一直彼此牵挂，相互关心，相互支持。

1941年春，《大独裁者》将到香港上映，"皇后""娱乐""利舞台"三家影院竞相争夺首映权。由于三年前梅兰芳曾在"利舞台"演出过,该影院经理就径直去找正寓居香港的梅兰芳想办法。梅兰芳答应致电卓别林代为征询。卓别林迅速复电表示同意,《大独裁者》的首映权终于破例被中国人办的"利舞台"影院所获得,一时在香港引起极大的轰动。

在香港生活期间,梅兰芳经常看卓别林的电影以打发难挨的日子,他对卓别林敢于在影片中无情讽刺、鞭挞法西斯的胆识极为赞赏,一部《大独裁者》他先后看了6次,仍意犹未尽。他甚至逢友便问:"你看过《大独裁者》没有?快去看看!"还催促两个儿子葆琛和绍武也去看,并耐心地为他们分析场景,帮助他们了解影片中深刻的政治含义。

梅兰芳在表演之余喜欢收藏火柴盒。他的藏品中有这样一只火柴盒:画面上是卓别林扮演的大独裁者希特勒在玩弄地球仪,里面的火柴都制成炸弹形状,磷面正好连到希特勒的屁股,给人看了有一种"玩火者必自焚"的联想,整个设计幽默而又寓意深刻。这一由卓别林亲自设计的火柴盒,是"利舞台"作为《大独裁者》的首映广告而赠送给梅兰芳的。梅兰芳因此对这只火柴盒特别珍爱。

第二次世界大战后,由于卓别林在美国从事进步文化活动，受到迫害，不得不离开美国。梅兰芳对卓别林所遭受的不公平境遇愤愤不平，他深切怀念远在异国的朋友，时时打听他的消息……1954年7月，周恩来总理在出席日内瓦会议期间宴请卓别林，卓别林深情地说："我在1936年到过中国，到过上海，看过梅兰芳先生的京剧，令我钦佩！还看过马连良先生的戏，真是好极了！"梅兰芳闻讯后非常高兴，他焦急地盼望着与卓别林第三次见面畅叙的时刻早日到来。直到50年代末，梅兰芳还对一位海外归来的朋友说："我尤其盼望卓别林先生再到中国来，看看我们的建设，顺便也看一看我新编的《穆桂英挂帅》。"

梅兰芳与美国黑人歌唱家罗伯逊合影

先天下之忧而忧，后天下之乐而乐

梅兰芳，作为举世闻名的戏剧大师，他的事业前途，又是与祖国和民族的命运紧密相连的。

20世纪30年代，当他力图再造中国戏剧辉煌的时刻，日本帝国主义疯狂发动大规模的侵华战争。首先，由于国民党政府的不抵抗政策，导致东北地区国土沦丧。日本侵略者扶植被推翻的清朝末代皇帝和汉奸集团，建立伪满洲国傀儡政权，"国都"设于长春，更名"新京特别市"。接着，又因国民党投降派与敌人勾结，引发日本侵略者吞并华北地区，甚至继续南侵，扶植汪精卫汉奸集团，于南京建立伪中华民国政府。1939年，日本侵略者借助第二次世界大战爆发之机，进一步掀起侵占全中国的法西斯战争。在"中华民族到了最危险的时候"，中国共产党中央委员会发表《为抗日救国告全国同胞书》，号召停止内战，一致抗日。

这时，摆在梅兰芳面前，只有3种选择：其一，国难当头，忍辱偷生；其二，逃向海外，侨居苟安；其三，挺身战斗，抗日救国。他毫不犹豫地选择了后者，与广大进步人士一道，以自己的声望和影响，积极投入抗日救国的斗争洪流。

1932年1月28日，日本侵略者用飞机轰炸上海，酿成"一·二八"事变。梅兰芳为了支援上海军民的抗日斗争，在北京连续举行义务演出，将全部收入捐献给抗日将士，用于购买救护伤员的医药费用。同年移居上海，以舞台为阵地，竭力创作激发抗日民心，鼓舞抗日斗志的演出剧目。

日本侵略者深知梅兰芳具有广泛的号召力，随时跟踪他的行迹，不惜采取各种手段淡化他的抗日情绪，削弱他的爱国意志，妄图以金钱利禄收买他的人格，让这位世界文化伟人为日

1933年，梅兰芳在上海

伪法西斯统治服务。

　　正在梅兰芳埋头创作爱国剧目的时刻，伪满洲国傀儡政权在"新京"宣布成立。这时，日本侵略者特派清朝贵族、汉奸政客专程邀他去"新京"演出，以示祝贺伪满洲国傀儡政权的"诞生"。汉奸话刚出口，便遭到梅兰芳严厉拒绝。汉奸并未因此而死心，以狡猾的嘴脸进一步诱惑说："你们梅家三辈受过清朝恩典……而今大清国再次复兴，你理应前去庆祝一番……"梅兰芳不等汉奸说完，就给予大义斥责："现在，他（指末代皇帝）受到日本人的操纵，要另外成立一个伪政府，同我们处于敌对地位，我怎么能给他演戏！"汉奸在梅兰芳大义凛然的怒斥下，无言以对，只好尴尬地告退。

　　1933年，梅兰芳的新编历史戏——《抗金兵》在上海问世，产生强烈的社会反响。这出戏取材于宋朝女民族英雄梁红玉"擂鼓战金山"的生动故事。全剧侧重描写金兵大举进犯中原领土时，宋朝内部主战派与主和派之间的激烈斗争。主战派以国家和民族利益为重，决心以武装力量保卫中华山河。主和派以个人安危着想，主张将财物和国土献给入侵者，甘愿卖国求荣。梁红玉和丈夫韩世忠，坚持武装抗敌，并在浴血奋战中，痛击来犯之敌，获得巨大胜利。剧作旨在以古鉴今，如同一面镜子，既照耀着抗日军民的英雄气概，又映现出投降派

《抗金兵》中使用的道具——战鼓、帅旗

和汉奸集团的卖国嘴脸。梅兰芳亲自扮演梁红玉，身穿铠甲，居高临下，擂鼓助战，威风凛凛，鼓舞千军万马奋勇前进，杀得入侵之敌大败而逃。戏演到这里，引起广大观众共鸣，爆发出经久不息的掌声。人们欢呼着：梁红玉在战斗，梅兰芳在战斗！梁红玉抗金兵，梅兰芳抗日寇！戏越演越轰动：长了民族的志气，灭了敌人的威风！

　　当时，有些朋友担心国民党投降派和汉奸集团，以及日本特务机关会因此向梅兰芳暗下毒手，劝他收敛一下，以防不测。梅兰芳坚定地说："国难当头，死都不怕，还顾虑什么？"就这样，戏不仅继续演，而且到处

演，乃至成为屡演不衰的梅派经典作品。

1936年，梅兰芳的又一出新编历史戏——《生死恨》在上海公演，同样产生强烈的社会反响。这出戏仍以金兵入侵宋朝为背景，描写民间妇女韩玉娘与丈夫程鹏举在战乱年代，被强权害得生死离别的凄惨遭遇。作品以悲剧的力量，控诉侵略战争给人民群众造成深重灾难，唤醒人们觉悟起来，在家破人亡的危急时刻，同仇敌忾消灭侵略者。梅兰芳扮演韩玉娘，以悲愤的表演和如诉如泣的唱腔催人泪下，与当时流行的抗日救亡歌曲《我的家在东北松花江上》，拥有异曲同工的感人效果。自

梅兰芳在《生死恨》中饰演韩玉娘

然，人们又都疾呼：韩玉娘在控诉，梅兰芳在控诉！韩玉娘控诉金兵侵宋的苦痛，梅兰芳控诉日寇侵华的罪行！

这时，上海社会局日本顾问被戏激怒，通过社会局局长找梅兰芳当面交涉，以"非常时期，剧目未经批准"为借口，通知禁演。而梅兰芳则以观众要求为理由严词拒绝、照演不误。这出戏同样一演再演，成为又一出久演不衰的梅派经典剧目。

1937年"七·七"事变后，日本侵略者攻占了上海。梅兰芳气愤得杜门谢客，不在日本侵略者的铁蹄下登台演出，以此表示对日寇侵华战争的愤懑！但是，日本侵略者仍然不放弃对他的收买，为了能让他在日本人眼皮底下公开露面，粉饰日军奴役中国人民的"治安秩序"，由日伪头目一再到梅宅纠缠不休，并且保证："只要梅老板肯出来，金条马上送到府上。"梅兰芳嗤之以鼻，不予理睬。因为他的声望很高，日伪头目一时奈何不得。不过，基于对日伪政权的百般纠缠的讨厌，梅兰芳次年携全家人移居香港。

1942年，日本侵略军攻占了香港。梅兰芳再度陷入日伪头目的百般纠缠中。

日本侵略军司令官酒井，打听到他的住处，以不计任何条件的代价，亲自请他登台演出，借以稳定市面秩序，遭到拒绝。

汪精卫卖国政权和伪满洲国，联合派遣大头目褚民谊，专程来到香港"拜访"他，以委任"演艺使节团团长"的头衔，邀请他去南京、"新京"和日本东京演出，以祝贺"大东亚战争胜利一周年"，更是遭到拒绝。

日伪政权派华北驻屯军报导部部长山家少佐出面，对梅兰芳进行胁迫，并由《三六九》画报社社长朱复昌全权办理此事。朱复昌先是鬼鬼祟祟地来到掌管梅兰芳剧团业务的姚玉芙家里，声言："梅兰芳年纪大了，不能登台，那就请他出来讲一段话。"他让姚玉芙先乘飞机回沪，他本人则随后坐火车赴沪亲自邀请。说完，就暗自得意地走了。姚玉芙知道梅兰芳是不会出席这种庆祝活动的，可是如何拒绝这讲几句话的要求呢？正在焦急之际，梅兰芳的表弟秦叔忍来到了姚家。懂些医道的秦叔忍听明情况后，思索片刻，想出了一条对策。他建议姚玉芙到上海后，立刻请人为梅兰芳注射三次伤寒预防针。他知道梅兰芳系过敏性体质，不论打什么预防针都会立刻发起高烧，倒卧在床。姚玉芙到上海后，梅兰芳便依计而行，立刻请来了他的私人医生吴中士先生给他打针。吴医生有些犹豫不决。他知道，这种预防针，对梅兰芳的身体会有很大的损坏，同时也很危险。可是梅兰芳执意要打，他对吴医生说："我已决心不为他们演戏，即使死了也无怨言，死得其所。"吴医生深为感动，含着眼泪

1941年夏，梅兰芳在港时，夫人福芝芳携子女由沪来港全家合影。梅葆琛（后左二）、梅绍武（后左一）、梅葆月（前左一）、梅葆玖（前左三）。

给梅兰芳接连注射了三针。与此同时，姚玉芙拍电报给朱复昌，告他无须再来沪。山家少佐不信梅兰芳会患病发烧，立即电告驻沪海军部派一军医查明情况。当一名留着小胡子的日本军医奉命来到梅兰芳床榻之前时，梅兰芳果然卧病在床，一量温度，竟有42度之高……就这样，梅兰芳不惜人为地发高烧损伤身体，再次抵制了日军的胁迫。

梅兰芳的抗战精神也感染了身边的人。民党亲日派首领、大汉奸汪精卫，在南京成立伪国民政府后，自任主席兼行政院长，并在上海大都市设立特务机关。特务头子吴世宝提出要宴请梅兰芳，并劝梅做一次慰问演出。

消息传来，梅兰芳心头一震，自言自语地说："才出虎穴，又入狼窝，这世道怎能让人活下去！"梅夫人见丈夫忐忑不安，茶饭不思，便说："不行的话，明天我去赴宴，与他们周旋。"

次日，梅夫人来到汪伪政权特务机关的76号宅院。特务头子劝她说："几年不见梅老板，听说蓄起了长长的胡须，是不是为了在国民面前要个面子？

《宇宙锋》剧照（梅兰芳饰赵艳容）

我看大可不必，太太应该关心他才是。如今日本人当道，还是识相点为好。"梅夫人当即回击说："梅兰芳是个中国人，岂能出卖祖宗、放弃节操！"特务头子听后勃然大怒，指着梅夫人恶狠狠地说："梅老板唱了几十年的戏，大概还没有领教过我吴某所导演的'舞台'吧。"说完，硬领着梅夫人去看铁门里血淋淋的刑具，接着又陪梅夫人赴宴。梅夫人坐在桌边，始终不动嘴巴，不动筷子，以沉默抗争。特务头子便伸出罪恶之手，端来一铁罐硝镪水进行威胁，梅夫人毫不畏惧，镇定自若地说："硝镪水岂能毁掉他的国格和人格！"言罢，拂袖而去。

为了能够让梅兰芳为日伪统治者演出，他们还纠集当地政界、军界和商界等头目，联合起来无休止地进行干扰，纷纷说："只要梅先生来演一场，要多少钱给多少钱。""只要答应一声，可先送几千块到家里来花……"

当时，移居香港的梅兰芳，由于颠沛流离和长期辍演等多方面原因，断绝了经济来源。而家里除了梅兰芳自己外，还有几十张嘴要吃饭。家属、多年助演的老人、衣食无着的穷亲戚。还是冯耿光、吴震修、李拔可等朋友们出了主意。他们建议梅兰芳以画谋生，梅兰芳采纳了他们的建议。

从那以后，梅兰芳重新拿起了画笔。

当时，梅兰芳的画曾在一个名叫雅悦斋的商店里寄售，一经面市，很快便被抢购一空。曾受过梅兰芳羞辱的汪伪政权的外交部部长褚民谊得到这个消息后，便心生诡计。他用巨额金钱将梅兰芳的画全部订购，并在各个画幅上标明"冈村宁次长官订""土肥原大将订"等标签，以制造梅兰芳媚敌的假象。这一阴谋被梅兰芳获悉后，立即请夫人福芝芳女士赶到雅悦斋，手持裁纸刀，"哗哗哗"地将画幅裁成条条片片，并郑重地声明："再多的金钱，也买不到梅兰芳的心。"后来，梅兰芳在朋友们的帮助下，经过七八个月的努力，于1945年春天，借成都路中国银行的一所洋房举行了画展。

开幕那天，门庭若市，宽大的展室里挤满了观众。人们蜂拥而来，一半是为了欣赏作品，而更多的则是出于对梅兰芳崇高气节的敬佩，专门前来买画，帮助他渡过难关的。当场订画者不计其数，参展的170多件作品一下子售出了80%，像《双红豆图》《天女散花图》等画幅，竟被复订了五张！梅兰芳高兴地对朋友们说："举办这次画展，使我的画技大大提高了一步，蓄须拒演过程中苦闷孤独的精神有所寄托，同时在经济上帮我渡过了难关。"

梅兰芳的这种宁肯靠绘画出卖和典押房屋维持大家生活，也不肯折腰接受日伪统治者的一文钱的行为。充分体现出他那"富贵不能淫""威武不能屈"的浩然正气,以及国难当头"宁为玉碎,不为瓦全"的伟大人格!

在这一年,他毅然留下胡须,以及国土沦陷时期绝不登台演戏的誓言,表达对日本帝国主义侵略战争的愤怒抗议。这就是中国现代文化史册上"梅兰芳先生蓄须明志"的光辉一页,永远闪现着一代戏剧大师的崇高民族气节!

为此,著名戏剧家田汉先生写诗赞称:

八载留须罢歌舞,
坚贞几辈出伶官。
轻裘典去休相虑,
傲骨从来耐岁寒。

1945年,中国人民经过8年艰苦卓绝的浴血奋斗,终于取得了抗日战争的最后胜利!

这时,人们欣然看到,年过半百的梅大师,激动地剃掉他那忧

国忧民的胡须，以高歌欢舞的豪情，与民同乐，一道庆贺祖国的光复！

梅兰芳蓄须明志那几年，与妻女分居香港和上海。香港沦陷后，双方断了联系。社会上一度有梅兰芳在港遇难的谣传，福芝芳闻讯后急火攻心，突患神经抽搐症。当她见到丈夫平安归来，不由悲喜交加，随即留下了这张合影。

为伟大事业献身

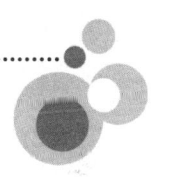

梅兰芳从香港回到上海，处于第三次国内革命战争时期。

1949年，中国人民解放军横渡长江，向华中、华南和华东地区奋勇挺进。这时，有些人对当前的政治形势和国家的前途命运看不清楚，设法去异国他乡躲避或定居。自然，也有人不无关心地劝说梅兰芳尽早拿个主意。

梅兰芳淡然一笑。他想：要走，早就可以走。20年代，出国访问时期，可以旅居任何一个经济发达国家；30年代，大片国土沦丧期间，更有一些大国表示接纳款待。但他哪也不去，因为他是中国人，根基扎在这片生他养他的国土上。

这年初春，时逢上海解放前夕，著名文艺家夏衍，受中国共产党的委托，与著名戏剧家熊佛西共同来到梅宅，特意看望梅兰芳，一再动员他坚持留在上海，迎接

中华爱国人物故事
ZHONGHUA AIGUO RENWU GUSHI

新中国的诞生。

"新中国"这三个字在梅兰芳心里最占地方。他大半生苦苦追求，并且艰难奋斗的不正是为了这三个字吗？而对眼前已是共产党高级干部的老朋友，他无须用语言表达，心照不宣地认同了。

5月27日，清晨，他听到人民解放军开进上海市的喜讯，兴奋得不顾外面还有隐隐的枪声，便冲出家门去热情迎接。他走在建国东路，发现很多战士疲惫地露宿在马路边上，不禁一阵心酸，不住地默念："这才真是人民的子弟兵啊……"

接着，他便收到新任市长陈毅的请帖，邀他出席上海各界知名人士座谈会。他望着请帖，心里感到温暖，还有什么比理解和信任更为珍贵呢？他决定梅兰芳剧团5月30日在本市的南京大戏院举行隆重演出，以此慰问驻上海的中国人民解放军。这次演出，成为上海解放的一件大事。夏衍陪同陈毅亲临后台，向他致以谢意。此后，又接连演出两场，受到全体指战员的热烈欢迎。官兵们兴高采烈地说："我们进驻上海，最难忘记的就是亲眼看到了梅先生演戏！"

6月中旬，他又接到北京的信函，邀请他7月初赴北京，参加全国第一次文学艺术工作者代表大会。月末，他同上海代表和老同学、老艺友周信芳先生一道，踏上北上的火车。当时，上海到北京，需要5天的行程。车厢里是一张张谈笑风生的喜悦面容，可他却伴随着隆隆的车轮转动声，思潮翻卷，难以平静。10年前的烽火南下，苦难岁月中的辗转呐喊，10年后的幸福还乡……数不尽的酸甜苦辣，一起涌上心头。他想不到，火车每到一站，便有成千上万的群众拥向站台欢呼感迎，争着和他握手、抢着请他签名……他置身于欢乐的人海里，由衷地感到解放了！国家解放了！人民解放了！自己解放了！大家共同在这梦境般真正获得解放的国土上，喜迎新中国即将诞生的灿烂曙光！

7月2日，他在北京准时出席会议，立刻受到毛泽东、朱德、周恩来等中央领导人的亲切接见，并在开幕

式上做了大会发言。当他出现在主席台上的时候，全场爆发出雷鸣般的掌声。人们敬仰地说："梅先生又回到北京了！"

当晚，他为大会演出了自己的代表性剧目《霸王别姬》，全场掌声阵阵。谢幕时，毛泽东与在场观众一同起立，向他表示敬意。

周恩来说到这里，两个人同时开怀大笑。谈笑间，周恩来希望梅兰芳能够留在北京工作，并且指示有关方面予以精心安排。梅兰芳感激地表示同意。

这一年，梅兰芳接连两次回到北京。9月中旬，他又应邀出席中国人民政治协商会议，与中央领导人一起共商新中国成立的各项要事，他在大会上发言，并当选为政治协商会议常务委员。会间，演出代表性剧目《宇宙锋》。

10月1日，他被荣幸地请到天安门城楼，参加中华人民共和国与中央人民政府成立典礼，观看中国人民解放军的阅兵式和群众游行队伍。

天安门和门前的宽阔广场，是他最熟悉的地方。早在儿童时期，他就经常看见祖父、父亲、伯父和其他京剧界的前辈们相继到这里来。但那只不过是朝廷召唤，为慈禧太后和王公贵族唱戏取乐而已。慈禧高兴，得几个赏钱；一旦翻脸，则无端受罚。这便是"梅家三辈"

所受过的"清朝恩典"。他还看到,就是这个乱施淫威的女皇,腐败透顶,害得国家山河破碎,民不聊生,听到"八国联军"攻进京城便仓皇逃命,引来列强烧杀掠抢。他更看到"五四运动"和"一·二九运动"爱国声浪从这个广场上滚滚卷起,同时听到和看到反动军警残酷镇压热血青年的枪声、刀光和棍棒。至于10年前日寇的铁蹄践踏声,似乎仍在耳边回响……

　　这时,一个巨人的洪亮声音把他唤回到现实中来:

　　"中国人民站起来了!"

　　他的身心顿时一震,两行热泪夺眶而出。泪

这幅"观音像",梅兰芳画于1922年,是为祝贺实业家张謇70寿辰而画。上部为张謇所题诗文。

水、笑容与眼前那万众的掌声、欢呼声交融在一起。他看到了雄壮威武的人民解放军的方队；他看到了豪情满怀的群众游行队伍；他看到了雀跃欢呼的可爱孩子们和飞向蓝天的一片白鸽子。

这鸽子，他是多么熟悉又感到多么亲切啊！当年，放鸽子、望鸽子，医好了自己的眼病；现在，放鸽子、望鸽子，但愿天下永久和平！

新中国的诞生，使他回到了北京，住于护国寺街1号新居（现为"梅兰芳纪念馆"）。

重归故里，感慨万千：清朝末期的腐朽，中华民国的动荡，新中国的百废待举，以及个人的荣辱和梅氏的兴衰等，使他夜不能寐，浮想联翩。千头万绪结成一个坚定信念：誓为新中国的文艺繁荣和促进中外文化交流事业的发展贡献终生。

此后，他又当选为全国人民代表大会代表，中国文学艺术界联合会副主席，中国戏剧家协会副主席；荣任京剧研究院院长，中国戏曲研究院院长，中国京剧院院长。

1952年12月中旬，他出席中国人民保卫世界和平委员会和全国人民团体联席会议。接着，与宋庆龄、郭沫若等赴奥地利首都维也纳，出席世界人民和平大会。

会议期间，他与世界各国代表畅谈和平与友谊，同时控诉侵略战争的罪行。他看到一位出席会议的外国老太太，流着孤独的泪水，诉说着她丈夫和一双儿女死于第二次世界大战的悲惨经过。同时听到这位老人最后的高呼："我永远忘记不了这次世界人民和平大会！"这时，一位德国女士走到梅兰芳面前，问他参加这次大会有什么体会，他回答说："作为一个新中国的文艺工作者，我是热爱和平的。参加这次大会，使我更加感到责任重大。我今后将更加努力运用戏剧艺术武器，加强对世界和平的宣传。"

1953年10月，我国组成第三届中国人民赴朝慰问团，慰问正在抗击帝国主义侵略战争的中朝两国人民。贺龙任慰问团总团长，梅兰芳任副总团长。于是，他身

梅兰芳所绘《梅花图》

担重任奔赴朝鲜。

他在一篇文章中写道:"用什么字眼能形容在朝鲜看到我们祖国最可爱的人——中国人民志愿军的感动呢?在60年的生活经验里,我几乎找不到一个相同的例子。在寒冷的朝鲜初冬的季节里,这些年轻的健壮的面孔红红的可爱的战士们,背着枪守卫在英雄的朝鲜土地上,警惕地保卫着和平。看到他们便不由得叫人想起我们祖国人民这几年幸福的美好的生活,想起祖国规模宏大的经济建设,想到我自已今后更该以多大的努力为祖国工作才能报答我们最可爱的人——这些三年战斗在朝鲜战场上的英雄战士们。"

他的这种心情,体现在慰问活动中,则是以和平战士的姿态,全心全意为祖国的英雄儿女更好地演戏。

一天晚上,慰问团在广场上为志愿军官兵演出,观众多达2万余人。这场晚会原定上演4出戏,最后一场是梅兰芳与马连良合演《打渔杀家》。不料,头一场戏还没演完,天上就下起雨来。先是淅淅沥沥,后来越下越大,幕布和台毯都浇湿了。但全体官兵宁愿淋雨,仍是坐在露天地上纹丝不动。

这时,主持演出的志愿军首长来到后台,面带难色地对梅兰芳说:"现在已经9点半了,雨下得还是这么大,我们考虑到你们还有许多慰问演出工作,如果把行

梅兰芳与波摩那学院院长晏文士博士合影

头（演出服装）淋坏了，会影响以后的演出。我们主张今天的戏就不演下去了。刚才向看戏的同志们说明了这个原因，请他们归队，但是全场同志都不肯走。他们一致要求和梅先生见一见面，对他们讲几句话。"

梅兰芳听到这种情况，心里很受感动，内疚地回答说："只是讲几句话，太对不住志愿军同志们！况且他们有从两三百里外赶来的……"想了一下，接着说："这样吧，我和马连良先生每人清唱一段，以表示我们的诚意。"马连良赞同这个意见。志愿军首长深表谢意。当梅兰芳出现在舞台中间时，全场顿时响起一片掌声和欢呼

声。他激动地望着面前这2万多最可爱的人，脸上的雨水和泪水融汇在一起。待掌声渐渐停息时，他用扩音器向大家说："亲爱的同志们！今天我们慰问团的京剧团全体同志抱着十分诚意为诸位作慰问演出。可是不凑巧得很，碰上天下雨，因此不能化妆演出，非常抱歉！现在，我和马连良先生每人清唱一段。马先生唱他拿手的《借东风》，我唱《凤还巢》，表示我们对最可爱的人的敬意。最后，我向诸位保证，我们在别处慰问完成后，还要回到此地来再为诸位表演，以补足这一次的遗憾……"话音未落，全场又一次爆发出雷鸣般的掌声和此起彼伏的欢呼声。全场官兵几乎忘记了天在下雨，一直是聚精会神地望着这两位艺术家，用一阵又一阵的掌声伴随台上的演唱。唱完时，掌声热烈得长达两三分钟。

梅兰芳在朝鲜的慰问活动中，除了在舞台上为广大官兵演出之外，还深入连队，哨所和施工基地等，为工作急需而不能观赏舞台演出的战士们进行清唱，使战士们感到周身温暖。一次，他来到战士们给他安排的房间里休息，发现墙上挂着他和斯坦尼斯拉夫斯基当年的合照，以及他的《贵妃醉酒》《奇双会》等舞台剧照。战士们说，这是他们从《人民画报》上特意剪下来，用于表达自己心中对艺术大师的崇敬。他的眼窝又一次的潮湿了……这时，外边的战士和志愿军的文工团员们蜂拥地挤进门来，向他献花，请他签字留念。谈话间，听说有两名炊事员，由于精心给他做饭，没能看到他的演出。于是，他顾不得休息，马上来到厨房，边道谢，边给这二位同志当场清唱，感动得两名炊事员一时不知道说什么才好。

朝鲜慰问结束，他又接连到祖国东北地区，为归国的中国人民志愿军演出。第二年的春天，他又赶到祖国的南疆，在广州地区和福建前线，为守卫祖国南大门的中国人民解放军指战员、民兵和当地居民进行多场慰问演出。

1956年，他又接受了一项新的任务——以中国访日京剧代表团团长身份，率队飞往东京，进行和平友好演出。他将第三次访问日本。但是，想到日本的侵华战争，心里很不舒服。

以梅兰芳为首的中国访日京剧代表团，阵容相当强大。著名人士欧阳予倩、马少波、刘佳、孙平化任副团长。团员除随行记者和工作人员之外，大都是京剧界的一流演员。这次带去的剧目也比前两次更为丰富多彩。

日本方面对梅兰芳的这次来访，显得特别重视，各项活动都予以破格的安排：

"日中文化交流协会"会长、前首相片山哲率领各界代表提前赶到羽田机场，等候中国访日京剧代表团的

中华爱国人物故事
ZHONGHUA AIGUO RENWU GUSHI

梅兰芳在日本演《贵妃醉酒》，饰杨玉环

到来。梅兰芳和代表团成员刚下飞机，便当场举行盛大欢迎仪式。片山哲在致欢迎词时，深情地说："感谢中国人民向日本人民伸出了友谊的手！"梅兰芳致答词时，诚挚地说："中日两国在文化艺术方面有着密切的悠久的历史关系。我们都希望这种关系能够得到不断的加强。"

日本国会，在梅兰芳等生活安排就绪之后，举行欢迎中国访日京剧代表团招待会。众议院副议长彬山元治郎致欢迎词时，亲切地说："日本国会有史以来第一次接待外国的戏剧代表。今天承中国京剧访日代表团光临，甚感荣幸！"国会议员穗七郎最后激动地说："日中两国今日在文化上握手，相信在不久的将来也能在政治上握手。"

日本《朝日新闻》社，邀请日本社会名流和各国驻日使节300余人，为梅兰芳第三次访日演出，举行招待酒会。

日本福冈市为梅兰芳一行光临福冈演出，组成"欢迎委员会"。市长小西春雄在欢迎仪式上激动地宣称，梅兰芳一行的光临是"福冈人认为最荣幸的一件事……"

日本名古屋市和京都市等，都为梅兰芳的到来，组成专门的"欢迎委员会"，分别举行招待酒会。京都市名流片山九郎在酒宴上向梅兰芳郑重赠送一把扇子，并说："这是我的祖母在100岁时表演舞蹈用过的，是我的传家之宝。今天送给梅先生，留作您第三次访日的纪念。"

中国旅日侨胞，对梅兰芳的这次访日演出感到无比兴奋与自豪。他们在东京聚会，自发召开"欢迎祖国京剧代表团大会"，共同表达热爱祖国、思念故土的赤子之

中华爱国人物故事
ZHONGHUA AIGUO RENWU GUSHI

《西施》剧照

情，并向梅兰芳大师和代表团成员致以亲人的敬意。

此时此刻，梅兰芳非常激动，仿佛全身溶化在骨肉亲情的怀抱之中。他由衷感受到海外中华儿女的一片爱国热忱，再一次看到了中日两国人民一衣带水的传统友谊。他想起了出国之前，周恩来总理的谆谆教导，更加激起不辱使命的决心！

中国访日京剧代表团在促进中日两国文化交流、增强两国人民友好往来等方面取得的重大成就，引起美国反华势力和台湾当局的惶恐。他们互相勾结，用尽伎俩，对梅兰芳进行阴谋"策反"，结果都遭到梅兰芳的严正斥责，致使"策反"者们暗自惊叹：

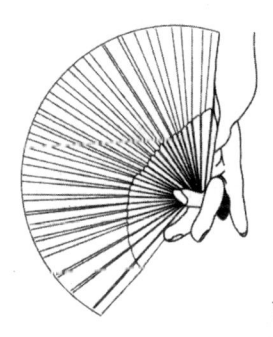

苗芽

避日

弄姿

映水

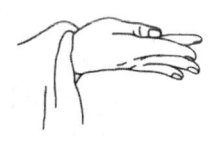

"撼山易，撼梅兰芳难！"

梅兰芳这次访问日本长达46天，演出活动遍及日本各大都市，社会反响达到空前火热的程度。最后一场的告别演出，剧场爆满，观众多达5000有余，其中持站票的就有1000多人。

日本人民热爱他的艺术，崇拜他的人格，敬仰他的情操。东京著名教授益谷温先生，在"帝国饭店"的盛大宴会上，当众朗诵敬献他的汉语诗篇：

梅兰芳画作松柏有本性

舞台生活四十年，

大器晚成志烈坚。

积善何唯余庆生，

师恩友爱又兼全。

梅兰芳就是在这种情况下，满载中日人民的深厚友谊，于1956年7月17日，率领中国访日京剧代表团胜利地返回北京。首都群众挥舞鲜花，热烈欢迎他的凯旋！党和国家领导人高举酒杯，祝贺他的访问成功！他感谢群众的深情和领导的厚谊，但心里认为，这次访问的成功，除了祖国京剧拥有巨大的魅力之外，还取决于新中国的日益强胜和社会主义建设事业的欣欣向荣！

登台杂感

梅兰芳曾经在《文汇报》上发表了一篇名为《登台杂感》的文章：

沉默了八年之后，如今又要登台了。诸君也许想象得到，对于一个演戏的人，尤其像我这样年龄的人，八年的空白在生命史上是一宗怎样大的损失，这损失是永远无法补偿的。在过去这一段漫长的岁月中，我心如止水，留上胡子，咬紧牙关，平静而沉闷地生活着。一想到这个问题，我总觉得这战争使我衰老了许多。当胜利消息传来的时候，我觉得浑身充满着活力，我相信我永远不会老，正如我们长春不老的祖国一样。前两天承几位外籍记者先生光临，在谈语中问起我还想唱几年戏，我不禁脱口而出道："很多年，我还希望能演许多许多年呢。"

因为要演戏，我充满着活动的情绪。吊嗓子、练身段，每天兴冲冲地忙着。八年了，长时间的荒废，老是那么憋着，因为怕被人听见，连吊吊嗓子的机会都没有。胜利后当我试着向空气中送出第一句唱词的时候，那心情的愉快真是无可形容。我还能够唱，四十年的朝夕琢磨还没有完全忘记。可是也许生疏了，能满足观众的期望吗？这一切大概不成问题。因为我这一次的登台有一个更大的意义，这就是为了抗战的胜利。在抗战期间，我自己有一个决定：胜利以前我决不唱戏。胜利以后，我又有一个新的决定，必须把第一次登台的义务献给祖国。现在我把这点热诚献给上海了。为了庆祝这都市的新生，我同样以无限的愉快去完成我的心愿。

我必须感谢一切关心我的全国人士。这几年来你们对我的鼓励太大了，你们提高了我的自尊心，加强了我对民族的忠诚。请原谅我的率直，我对于政治问题向来没有什么心得。出于爱国心，我想每一个人都是有的吧？我自然不能例外。假如我在戏剧艺术上还有多少成就，那么这成就应该属于国家的。平时我有权力靠这点技艺来维持生活，来发展我的事业，可是在战时，在跟我们祖国站在敌对地位的场合下，我没有权力随便丧失民族的尊严，这是我的一个简单的信念，也可以说是一个国民最低限度应有的信念。社会人士对我的奖饰，实在超过了我所可能承受的限度。《自由西报》的记者先生说我'一直实行着个人的抗战'，使我感激而且惭愧。

《生死恨》剧照

梅兰芳与"梅派"

京剧旦行首先成"派",是从梅兰芳创造的"梅派"开始的。梅派的特点是综合青衣、花旦和刀马旦的表演方式,创造了唱腔醇厚流丽,感情丰富含蓄的特点。演出的角色从上古到近代,从天上到人间多种不同阶层的历史与神话人物,尤其是把文学名著搬上银幕,给后代留下了无数可资楷模的保留剧目。

梅兰芳20岁第一次演唱了林季鸿编的新腔《玉堂春》之后,得到内外行的好评,这是他唱腔上的转折点,同时鼓舞了他对唱新腔、演新戏的钻研精神。

1913年,梅兰芳在上海他观看了欧阳予倩等组织"新剧同志会"上演的反映现实生活的话剧,如《家庭恩

怨记》《猛回头》《热血》《社会钟》等。这些进步的戏剧，给梅兰芳以积极向上的进步思想影响，为他后来编演时装彩戏，打下了坚实的思想基础。

这一新思潮，促使他半年后排演了根据北京本地的新闻编写的第一出时装新戏《孽海波澜》。1913年10月中旬，该剧分头本、二本两天演出的形式在北京鲜鱼口天乐园演出，虽然时装新戏在表演上不如传统老戏那样完善，但还是收到了剧场效果。

《孽海波澜》之后，梅兰芳又编演了《宦海潮》《邓霞姑》《一缕麻》等时装新戏和古装、历史新戏。他认为：戏剧前途趋势是跟着观众的需要和时代变化的。我不愿意总站在旧圈子里边不动。我要走向新的道路上去寻求发展。《嫦娥奔月》是梅兰芳以大胆革新的精神创造的当时舞台上从未出现过的古装新戏。嫦娥在月宫中上穿淡红色绣花边的软绸对襟短袄，下系白色软绸长裙，长裙系在短袄外，这与传统老戏的穿法恰好相反了，腰间的丝绦上编有各种花纹，并有一条丝带，插在中间，带上还打一个如意结，两旁插着玉佩。这种服装和扮相过去舞台上从未见过，又加上广寒宫的布景与灯光的配合，使梅兰芳编创的连唱带做的"花镰舞"和"长袖舞"，以新颖的面目开创了京剧史上古装戏的先例。

鞠躬尽瘁，死而后已

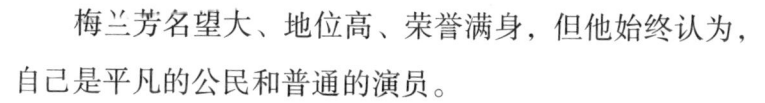

梅兰芳名望大、地位高、荣誉满身，但他始终认为，自己是平凡的公民和普通的演员。

他说："我是一个平凡的人，对艺术的贡献是微薄的。最初依靠我祖父、父亲和遗训，后来又受师友的督促、教育和广大观众的帮助、鼓励，才在艺术上前进几步。"同时又说："我祖父一生为人行侠仗义的作风，他对同业和朋友们的帮忙，常常是牺牲本身的利益去替别人解决困难，这类事情很为人们所称道。我的父母去世很早，我祖母和姑母把我祖父和一切好人的为人行事讲给我听，我受了感动，立志要学我祖父和一切好人的样子，要长进向上，不敢胡来。"

梅兰芳少年时代投拜很多名师，除念念不忘的启蒙老师吴菱仙之外，还有他的伯父梅雨田和其他前辈艺术家陈德霖、王瑶卿、路三宝、钱金福、李寿山、乔惠兰、谢昆泉和陈嘉梁等。这些前辈艺术家不仅精心向他传艺，而且还身体力行教他做人的道理，使他养成刻苦进取的钻研精神和助人为乐的美好品德。

王瑶卿，是中国戏曲界德高望重的著名教育家，时称"通天教主"。当年，若能拜在他的名下学艺，是从艺者一生的最大幸运。他与梅兰芳的父亲、伯父是艺术上的知心朋友，高兴地收下梅兰芳作自己的亲授学生。按当时的规矩，正式拜师需要举行典礼，学生不仅得花钱办置酒席，并且还要当众给老师磕头。但王瑶卿却谦恭地对梅兰芳说："论行辈，我们是平辈，咱们不必拘形式，还是兄弟相称，你叫我大哥，我叫你兰弟。"从此，王瑶卿在教学上，对梅兰芳严格要求，一丝不苟，甚至与梅兰芳同台演戏，借以提高学生的社

《南天门》的剧照，左为王瑶卿，右为谭鑫培。

会知名度。一次，师生二人公演传统戏《儿女英雄传》。王瑶卿扮演剧中的何玉凤，梅兰芳扮演剧中的张金凤。当演到张金凤劝说何玉凤嫁给安公子的时候，梅兰芳突然忘了台词。王瑶卿急中生智，用即兴台词提醒梅兰芳，使梅兰芳借机补救了自己的失误，把戏顺利演完。事后，梅兰芳感到十分内疚，而王瑶卿不但没责备他，反而夸奖他临台不慌，将来大有希望。为了能使梅兰芳尽快成长，王瑶卿把自己的很多拿手戏毫无保留地传给他，自己从此不再演出这批剧目。王瑶卿的这种关心备至和谦恭相让的师长风范，给梅兰芳很大影响，使他终生难忘。1954年6月25日，他在《光明日报》发表题为《继承瑶卿先生的精神前进》一文里，深情地写道："我在40多年以前就和王先生相处在一起，共同过着舞台生活，在戏剧的钻研中得到他的启发和教育，使我的舞台艺术获得逐步提高和发展。我今天能有一点成就，也是和王老生对我的帮助分不开的。"

萧长华，既是梅兰芳的师长，也是梅兰芳成名之后，长期共事的艺友，对梅兰芳的品德修养，也起到潜移默化的影响作用。有一年，萧长华随梅兰芳剧团在上海演戏，时间临近年关，梅兰芳突然患了肠胃病，躺倒在床上。萧长华以长者的身份来看望他，同时郑重地对他说："有一件事，不能不讲，希望你听我的话。戏是唱完了，北京来的团员归心似箭，一个个赶着要回去过年。馆子（剧场）方面已经没有力量送大家回去了。这本来不用你管的，但我主张你拿出钱来送他们回去。你祖父当年领四喜班（剧团名称）的时代，照顾同业的许多事实，至今大家谈起来，还是人人敬仰他，都说你们梅家的人厚道。你要学你祖父的好榜样，继承他的遗志。"梅兰芳听完这番话，心里很受触动，感激地回答说："谢谢您提醒

"兰蕙齐芳"之前，梅兰芳是经常要向表兄王蕙芳（右）讨教的。

我，我一定遵照您的意思，马上就送他们回去。"说着便派人从自己的账户上取出足够的款项，分别发给大家，以做回京的路费和过年的花销。同时，自责地说："这种地方，只有老前辈们肯出来说话，要不然我躺在床上，还是不知道的。"大家拿到这笔分外的钱，对梅兰芳的感激之情，用语言难以表达。

梅兰芳成名之后，经济收入相当可观。然而，他自己生活却很俭朴，不吸烟、不喝酒，没有一丝不良的嗜好，对子女要求也极为严格。但是，对同业人员的困难和人民群众的疾苦则特别关心，往往是毫不吝惜地倾囊相助。他一生举行过无数次义务演出，将全部收入都捐献给不同时期、不同地区的灾民或兴办学校等社会福利事业，使梅门仗义疏财的家风，从他身上得到进一步的发扬。

梅兰芳青年时代以后，拥有数不清的学生。其中既有亲授的弟子，也有经常指点的学员，不分任何剧种，都是有求必教，诲人不倦。对于一些生活困难而又有上进心的晚生后辈，更是倍加关怀、苦心培养。仅京剧界，经他培养成名的艺术家，就有张君秋、李世芳、杜近芳、魏莲芳、杨荣环、言慧珠、梁小鸾、沈小梅、陈正薇、顾正秋、张春秋、关肃霜、童芷苓、杨秋玲和胡芝风等数十人。评剧艺术家新凤霞也正式拜梅兰芳为师。至于

受他开导而成名的各地方剧种的中青年演员，多得不胜枚举。

在育才方面，梅兰芳发扬前辈的优良传统，循循善诱，和蔼可亲。有一次，梅兰芳看张君秋演戏。张君秋当年17岁，发现老师在观众席里，一时紧张得把一大段唱词颠倒了。终场时，他难过地哭了。梅兰芳来看他，和当年王瑶对待自己一样，不但没有责备地，反而同情地安慰他："别难为情，当初我年轻演戏时，听说老前辈来看戏，心里发慌，也唱错过。心里紧张，难免出错，不算什么，别往心里去。"后来，张君秋写文章谈到这件事时，接着说："先生又极力夸奖我，哪句唱得好，哪句做得对，不住鼓励我，才把我害羞的情绪扭转过来，破涕为笑了。梅先生竟是那样温厚慈祥，对同行后辈青少年一代，如同爱待自己的子女一样亲切……"至于拜师典礼，他早以取消了旧式的磕头，改用行礼的办法，体现师生的平等。

梅兰芳广交国内外各界朋友，在艺术切磋中，虚心求教，不耻下问，增长知识，促使自己的舞台表演进入博大精深的艺术境界。

新中国建立之后，他把自己彻底熔铸在全心全意为人民服务的宗旨上。几十年的生活磨砺，使他感悟出一条深刻的道理：自己的艺术只有与国家和民族的利益紧紧连在一起，才能获得巨大的社会价值。他不仅自己这样认为，而且还以良师益友的真情实感勉励青年文工作者，朝着这个方向奋勇前进。

1955年，中央文化部、中国文学艺术界联合会、中国戏剧家协会，为他和周信芳先生共同举办"梅兰芳、周信芳舞台生活50年"纪念活动。他在大会开幕式上做了诚恳的发言，最后深情地说："综合我50年来的艺术实践，我能够告诉各位青年戏曲工作同志的，只有下面这几句话：热爱你的工作，老老实实地学习，努力艺术实践，不断地劳动，不断地锻炼，不断地创造，不断地虚心接受群众意见，严格进行自我批评，为着人民！为着祖国美好的未来，贡献出我们的一切！"

这番话，既是他艺术实践的切身感悟，也是他人生历程的真实写照。即便是过了花甲之年，他还是沿着这条道路，老骥伏枥，奋进不息。这时期，他除了忙于国事、外事和参与必要的教学、学术及其他社会活动外，几乎每年都抽出时间深入工厂、矿山、农村和部队等，进行访问与演出，亲身感受社会主义建设事业的脉搏，虚心向劳动人民学习，向人民子弟兵致敬。

1953年，应鞍山钢铁公司邀请，冒着北国的腊月风雪，参加该公司"七号高炉"、"无缝钢管厂"和"大型轧钢厂"三大工程的开幕典礼，连夜为钢铁工人慰问演

出，持续7场，使广大观众深受鼓舞。

1958年，他率领剧团赴华北地区慰问煤矿工人，亲自下到矿井，与采煤作业的工人亲切交谈，给广大职工留下深刻印象。

1959年，他率领中国戏曲研究院的干部和学者，访问北京郊区永丰乡，亲自到农民家里做客，并与农民一起劳动，使全乡群众兴奋不已。同年，又到福建前线慰问中国人民解放军，使守卫在祖国海防线上的子弟兵，感受到亲人送来的温暖。

……

1957年，他从浙江、江西、湖南、湖北等省巡回演出结束后，赶回北京参加最高国务院会议。毛泽东见到

梅兰芳在北京门头沟和煤矿工人在一起

他走进会场，很高兴他对毛泽东的关怀深受感动，把自己的所见所闻和切身体会，向毛泽东做了概括汇报。毛泽东听完，感到十分欣慰。

同年，国际舞蹈协会主席海洛尔，专程来到北京授予他荣誉奖章。周恩来出席了颁奖仪式。

就在这一年，他首次提出加入中国共产党的申请。

不久，毛泽东、周恩来等党中央领袖便听到了这个消息，都为他的这一愿望感到高兴。周恩来亲自对中国京剧院党委书记马少波说："程砚秋（另一位京剧表演艺术家）同志入党，我做了他的介绍人。今年梅兰芳同志

梅兰芳在北京向国际友人介绍京剧服装道具

入党时，如果他有此要求，我也愿意做他的介绍人。"

马少波把周恩来的话如实转告给梅兰芳，同时征求他的意见，梅兰芳顿时觉得一股暖流涌遍全身。但他只是深思，没有马上回答。片刻之后，诚恳地对马少波说："总理关心我，我很感动！总理做砚秋（梅兰芳的学生、艺友）的入党介绍人，我也感到光荣！但是，我想文艺界像我们这样的人很多，如果大家入党都由中央领导同志做介绍人，那就负担太重了。我是一个普通党员，最好找最了解我的同志做我的入党介绍人。当然，最了解我的是您（指马少波）和张庚（中国戏曲研究院党委书记）同志了。您二位是两个院的党的负责人，可以经常帮助我，作我的入党介绍人，最合适不过了。"马少波立即把梅兰芳的话报告周恩来。

梅兰芳被批准为中国共产党党员之后，毛泽东亲自打电话向他表示祝贺。

梅兰芳，经过清朝、中华民国、中华人民共和国三个不同历史时期的事业奋斗，终于由一位卓越的戏剧大师、坚强的爱国志士成长为光荣的共产主义战士！

1959年，为庆祝中华人民共和国建立10周年，他不顾66岁高龄，与有关艺术家合作，编演了又一出新戏《穆桂英挂帅》，以强大的演出阵容和令人叹为观止的轰动效应，为梅派艺术增加了最后一个代表性经典剧目。

此后，他不仅坚持为广大群众演戏，还频繁地接待外宾和出国访问，终因积劳成疾而住进北京阜外医院。

当时党中央正在北戴河召开会议。周恩来听到梅兰芳得病的消息，专程回到北京，亲自来医院看望他。两位老朋友此刻见面，都有说不完的心里话。

但是，周恩来万万没想到，两天后，他和陈毅副总理再次赶回北京，来到阜外医院时，这位举世闻名的戏剧大师却悄悄地告别了人间。时间是：公元1961年8月8

1951年，梅兰芳携全家从上海迁回北京，住护国寺街1号（现梅兰芳纪念馆）。

日凌晨5点钟。

　　周恩来，此时此刻惊愕无语……

　　陈毅，望着安详的老友遗容，眼含热泪，慨然长叹："梅先生真是一代完人！"

梅兰芳墓碑

曲终情未已，舞心姿犹存

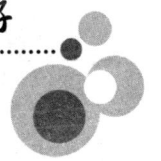

郭沫若同志说过，梅兰芳同志，你的一生是艺术活动的一生，是艰苦奋斗的一生，是为人民服务的一生，是美化社会的一生！

梅兰芳的降生，似乎没有几个人知道；他的逝世，却使千百万人心如刀绞——一颗璀璨的巨星在世界的东方陨落了！

以周恩来为首，由陈毅为主任委员的"梅兰芳治丧委员会"当日组成。

新华社立即发出沉痛讣告，国内各大报纸和世界许多大报迅速传递这条不幸的消息，纷纷刊登梅兰芳的生平、业绩和照片。

8月10日上午，中央和北京市有关部门领导干部、各地各界代表、各国驻华使节、外交官员和在华访问的有关外国成员等2000余人，在"首都剧场"隆重举行

梅兰芳所乘马车

"梅兰芳同志追悼大会"。

8月21日,香港各界1000余人,聚集九龙"普庆戏院",举行"梅兰芳先生追悼大会。"

8月29日,灵柩移至北京西山碧云寺北麓万花山安葬。梅兰芳,世人瞩目的一代宗师,仰望蓝天,安息在青山碧野的万花丛中。

为了缅怀梅兰芳的辉煌业绩;继承与发扬他的爱国主义和国际主义精神;学习他艰苦奋斗、克己奉公、全心全意为人民服务的高尚品德;进一步推动中国戏剧的繁荣发展。中央决定在全国范围内，开展经常性纪念梅兰芳的活动。

20世纪60年代初期，中央文化部、中国戏剧家协会等有关部门，联合组成"梅兰芳纪念委员会。"委员会决定，首先开展以下10项活动：1.再版梅兰芳著作，包括《舞台生活四十年》（一、二集）《梅兰芳舞台艺术》《东游记》；编辑出版《梅兰芳戏曲论文集》《梅兰芳全集》《梅兰芳图片集》。2.通过广播、电视向国内外介绍梅兰芳同志的艺术成就。3.北京、上海两地主要报刊、画报、杂志，陆续发表介绍和论述梅兰芳同志艺术成就的文章。4.1961年10月至12月间，在北京、天津、上海、武汉、广州、南京、重庆、西安、沈阳等大城市轮流举办纪念梅兰芳舞台艺术电影周放映《梅兰芳舞台艺术》等影片。5.在梅兰芳同志逝世周年纪念时，北京将举行一次梅派戏曲演出周。6.在梅兰芳同志逝世周年时，举办梅兰芳舞台艺术图片、遗物展览。7.发行一套梅兰芳舞台艺术纪念邮票。8.编辑一部纪录梅兰芳同志生前活动的影片。9.出版《梅兰芳唱片集》，计划在一年内出版包括各项节目的密纹唱片100张，并整理出版梅兰芳同志的唱腔谱。10.设计和修建梅兰芳同志的万花山墓地。

这10项活动，都在1961年至1963年间，卓有成效地开展起来。1964年至1977年间，由于"文化大革命"

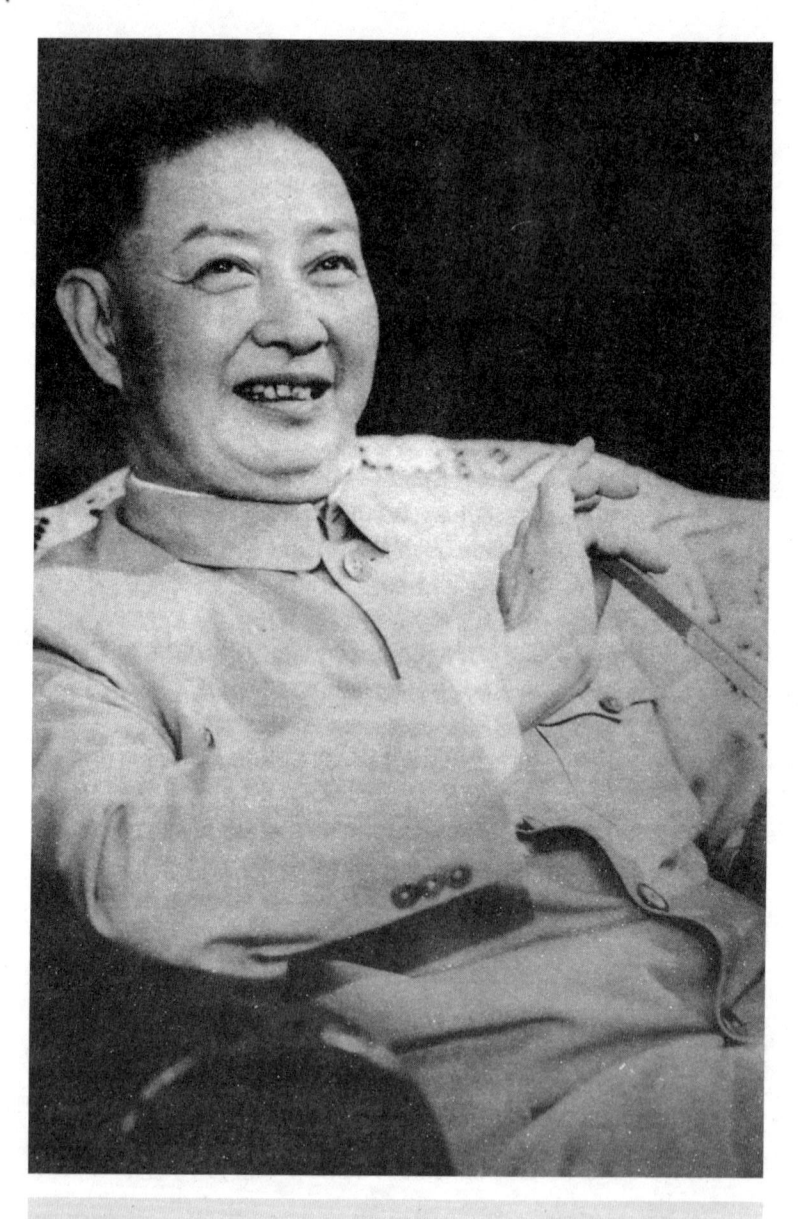

梅兰芳

运动，纪念梅兰芳的活动暂停。

20世纪80年代末期至90年代初，纪念活动又有声有色地开展起来。迄今为止，已见下列成效：

1.于北京护国寺街1号梅兰芳新宅，建立"梅兰芳纪念馆"，恢复当年原貌，收藏并展览梅兰芳生前的生活和艺术遗物，以及梅派艺术的音、像、文、曲资料；馆内树立梅兰芳白土塑像，由中共中央政治局常务委员、中国人民政治协商会议主席李瑞环揭幕，同时举行缅怀仪式和纪念活动。

2.于北京建立"中国梅兰芳研究学会"，吸收国内外学者为会员，全面研究梅兰芳各种成就，组织开展重大学术活动。

3.中央文化部振兴京剧指导委员会、中央电视台、中央人民广播电台、《中国京剧》杂志社，在北京联合举办全国性的"梅兰芳金奖大赛"活动。

4.中央文化部、广播电影电视部、北京市政府、上海市政府、江苏省政府和文化部振兴京剧指导委员会、中国文学艺术界联合会、中国戏剧家协会、中国京剧艺术基金会，于1994年12月至1995年1月，在北京、上海共同主办全国性的"纪念梅兰芳、周信芳诞辰100周年"演出活动和学术研讨活动。

这一系列纪念活动的广泛开展，促使梅兰芳的伟大

业绩,在新的历史时期再现辉煌。

梅兰芳一生中,演出传统剧目数以百计;整理、改编和新编的梅派剧目多达几十出。30年代,有些剧目曾在国内和日本、美国、苏联拍摄舞台纪录影片。新中国成立后,其经典作品《贵妃醉酒》《霸王别姬》《洛神》《断桥》《宇宙锋》《二堂舍子》和《游园惊梦》等,均被拍摄成彩色艺术影片,合称《梅兰芳舞台艺术》电影。这些作品连同其他代表性剧目,大都由梅派艺术传人继承下来,保留演出。

梅派艺术传人,以梅兰芳之子、著名京剧表演艺术家梅葆玖为核心,现已历经3代,至今仍然活跃在祖国大陆和香港、台湾,以及海外华人聚居地区。美国文学

梅兰芳塑像

博士魏莉莎女士，不仅专攻中国京剧和梅派艺术，近年还将梅派代表性剧目《凤还巢》用英语公演，遍受中外观众欢迎。

梅兰芳的表演，以"精美、雅致、崇高"和"雍容华贵"而被广大观众和中外学者所共识，由此塑造出一系列优美动人的舞台形象。苏联芭蕾舞大师乌兰诺娃推崇他的表演是"美的化身"！

苏联戏剧大师斯坦尼斯拉夫斯基，称："我有幸结识了梅兰芳博士的戏剧，这次接触使我惊叹不已，同时也使我深受鼓舞。这是同伟大的艺术、第一流的戏剧相结识……梅兰芳博士以他那无比优美的姿态开启一扇看不见的门……所以，梅兰芳博士，这位动作节奏匀称、姿态精雕细凿的大师，在一次同我交谈中强调心理上的真实是表演自始至终的要素时，我并不感到惊奇，反而更加坚信艺术的普遍规律。"

美国戏剧大师斯达·杨，赞叹梅兰芳的表演时，称"在我们听来，他的音乐尽管多么陌生，他嗓音作为一种表演艺术的媒介，却显然表达了一种十分了不起的柔和、响亮而富有戏剧性的音色；他那种控制肌肉的能力基于舞蹈和杂技的训练，是卓越非凡的；面部表情准确而且提炼到我们在中国优美的雕像中所见到的那种严谨而纯净的地步……目前这次演出成为一件大事并且值得我们

重视，主要是因为它纯洁而完整，远远超过任何西方戏剧中的东西。"

日本学者内藤湖南，称梅兰芳的表演是："仪态舞容的艳异冶丽的特色，不管懂不懂中国剧，都使我国观众为之神魂颠倒！"

……

我国戏剧艺术家欧阳予倩，赞称梅兰芳是"真正的演员，美的创造者！"马少波对梅兰芳的表演，赞叹为："他的舞台动作都是为了传达人物的思想感情的，经过精神的选择和提炼，进入一种随心所欲，无不传神的化境……他把美撒向人间！多少年来，他在中国人民观念中是美好的象征。"

我国伟大诗人、剧作家、考古学家、社会活动家、世界和平战士郭沫若先生在缅怀梅兰芳时，著文写道：

梅兰芳同志，你睡得很安稳，很甜蜜，很优美。

你虽然长久地休息了，但你的活动是永远不会休息的。

你的优美的歌声，你的庄静的姿态，你的娴雅的动作，你的一举手、一投足、一扬眉、一吐气，都塑造了美的典型。

不是吗？谁能说不是呢？你就是艺术的化身，舞台艺术的美的化身。

你的美育活动超越了空间，超越了时间，将永远感染着中国人民和中国人民的世世代代。

是的，你并没有睡，并没有睡！我们是永远地握着手、并着肩，在向自由的王国、艺术的王国、美的王国，飞跃前进，飞跃前进，飞跃前进！

梅兰芳

中华爱国人物故事
ZHONGHUA AIGUO RENWU GUSHI